이영훈 Lee Younghoon, 1960–2008

이영훈은 서울 출생의 작곡가로, 1985년 〈난 아직 모르잖아요〉로 데뷔했다. 이문세 3·4·5·6·7·9·12·13집과 캐롤집의 프로듀서 및 작사·작곡을 맡았으며, 〈사랑이 지나가면〉을 비롯한 이영훈 소품집 1·2·3을 통해 서정적인 가사와 선율이 돋보이는 자신만의 음악 세계를 넓혀갔다.

이외에도 이광조, 이은저, 유열, 박소연 등의 앨범 프로듀서로 참여했고, 'The Story Of Musicians - 옛사랑' 1·2를 비롯해 영화와 드라마 OST 등 다양한 장르의 음악적 유산을 남겼다. 1986년부터 1988년까지 골든디스크를 세 차례 수상했으며, 1987년에는 제2회 골든디스크 대상과 작곡가상을 수상했다.

이영훈의 음악은 지금까지도 계속 이어지고 있다. 빅뱅, 오혁, 아이유 등 여러 후배 가수들이 그의 노래를 리메이크하며 세대를 넘는 공감을 불러왔고, 그의 작품을 바탕으로 한 뮤지컬 〈광화문 연가〉는 꾸준히 무대에 오르며 많은 사랑을 받고 있다.

노래로 기억되고, 노래로 다시 불리며 살아 있는 이름, 이영훈. 그는 한국 대중음악사에서 가장 오랫동안 사랑받는 작곡가 중 한 사람으로 남아 있다.

작곡가 이영훈의 노래들

Songs by
Lee Younghoon
for Piano

영훈뮤직 지음

작곡가
이영훈의

노래들

samhoETM

Prologue

책을 낸다는 건,
나의 막막한 손을 통해 정리해야 할
그 사람을 다시 쓰며, 하나하나 기억해야 함을.
아마도 죽을 것 같은 긴 허들을 통과하는 사람에게
그 길을 다시 돌아가라는 뜻이리라.
그곳에 두고 온 나만이 가져와야 할 기억들, 기록들.

그래서 나는 선뜻 동의하지 못하고 망설였었다.
이다음에 세월이 흘러서 나의 손자를 안았을 때쯤
우리 부부 이야기를 쓰고 싶긴 했었다.

작곡가의 아내로 산다는 것.
지독하게 빛나던 영훈 씨의 눈동자 앞에서 한없이 작아지던 나.
고개 숙일 때 언뜻 비치던
그 맑은 눈망울에 이슬을 나는 잊지 못한다.

이 조그만 가슴으로 안을 수밖에 없었던 그의 상처를,
어머니의 빈자리들을 채우며 그를 사랑했었다.
그는 그 맑은 이를 드러내며 웃었고
나는 그의 웃음소리보다 더 아름다운 곡을 들어본 적이 없다.

故 이영훈의 아내, 김은옥

Contents

1985年
그의 일기 속에는

올가을에는 황홀한 가을 낙엽이 깊은 거리로
더욱 깊은 낙엽 떨어진 거리로 우리 함께 걸었었지.
그런 생각을 했어요.
우리가 함께 바라본 많은 거리와 하늘과 명상들이 참 많아지는구나.
우리에겐 참 많은 공통점이 있는 거구나.
그렇게 우리가 나이를 넘어가는구나.

때론 아무것도 없다고 느꼈었는데, 그건 아니구나.
내게 있어 당신은 곧 '나'구나.
우리가 함께할 많은 시간들이 남았겠지요.
지금처럼 화려하지도 슬프지도 않게
소박했으면 좋겠어요.
이렇게 내 가장 가까운 이로 말이야.

난 아직 모르잖아요

세월이 흘러가면 어디로 가는지
나는 아직 모르잖아요
그대 내 곁에 있어요 떠나가지 말아요
나는 아직 그대 사랑해요

그대가 떠나가면 어디로 가는지
나는 알 수가 없잖아요
그대 내 곁에 있어요 떠나가지 말아요
나는 아직 그대 사랑해요

혼자 걷다가 어두운 밤이 오면
그대 생각나 울며 걸어요
그대가 보내 준 새하얀 꽃잎도
나의 눈물에 시들어 버려요

그대가 떠나가면 어디로 가는지
나는 알 수가 없잖아요
그대 내 곁에 있어요 떠나가지 말아요
나는 아직 그대 사랑해요

Lee Younghoon's Note

이때는 정말 힘든 시기였다. 어머니는 암 투병 중이셨고, 오래 사귀었던 그녀는 나를 떠나 버렸다.

아직도 혜화동 서울대학병원 근처엔 고개를 돌리기 일쑤다. 음악이 아니었으면 지금 나는 어떻게 되었을는지…….

난 아직 모르잖아요

작사 이영훈 | 작곡 이영훈

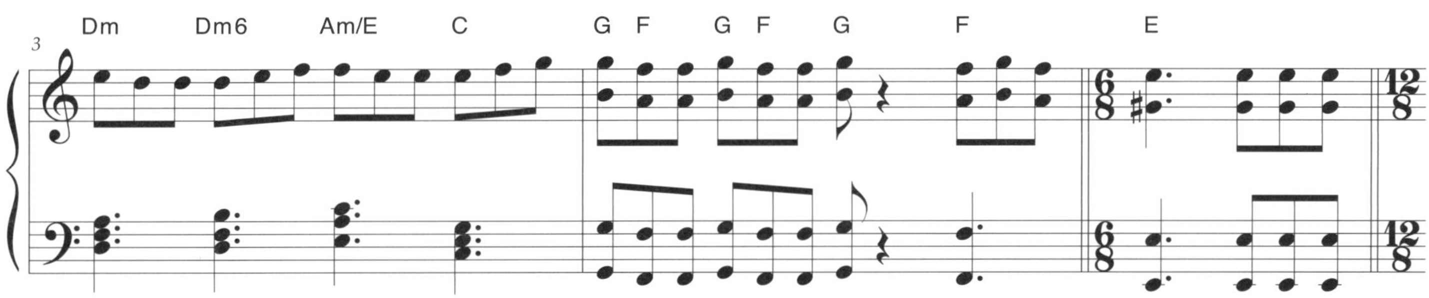

가 지 말아요 나는 아 직그 대 사랑 해 요 그대가
떠 나 가면어 디 로가 는 지 나 는알 수가 없잖아
요 그 대내 곁 에 있어요 떠나 가 지 말아요 나는
아 직그 대 사랑 해 요 혼자걷 다 가 어두운 밤이 오
면 그 대 생각나 울며 걸어 요 그대가

보내준─ 새하얀꽃잎도 나의눈물에─시들어버려
요 그대가떠나─가면어디로가는지 나는
알─수가없잖아 요 그─대내곁에─있어요 떠나
가 지─말아요 ─나는 아─직그대─사랑
해요─

G
Em7(♭5)/B♭
A7
Dm
Am
E
Am
A
혼 자 걸
D.S. al Coda
E
아 — 직 그 대 —
사 랑 해
요
Am
8va
rit.

소녀

작사
작곡
편곡

내 곁에만 머물러요 떠나면 안 돼요
그리움 두고 머나먼 길
그대 무지개를 찾아올 순 없어요

노을 진 창가에 앉아
멀리 떠가는 구름을 보며
찾고 싶은 옛 생각들 하늘에 그려요
음 불어오는 차가운 바람 속에
그대 외로워 울지만
나 항상 그대 곁에 머물겠어요
떠나지 않아요

노을 진 창가에 앉아
멀리 떠가는 구름을 보며
찾고 싶은 옛 생각들 하늘에 그려요
음 불어오는 차가운 바람 속에
그대 외로워 울지만
나 항상 그대 곁에 머물겠어요
떠나지 않아요

소녀

작사 이영훈 | 작곡 이영훈

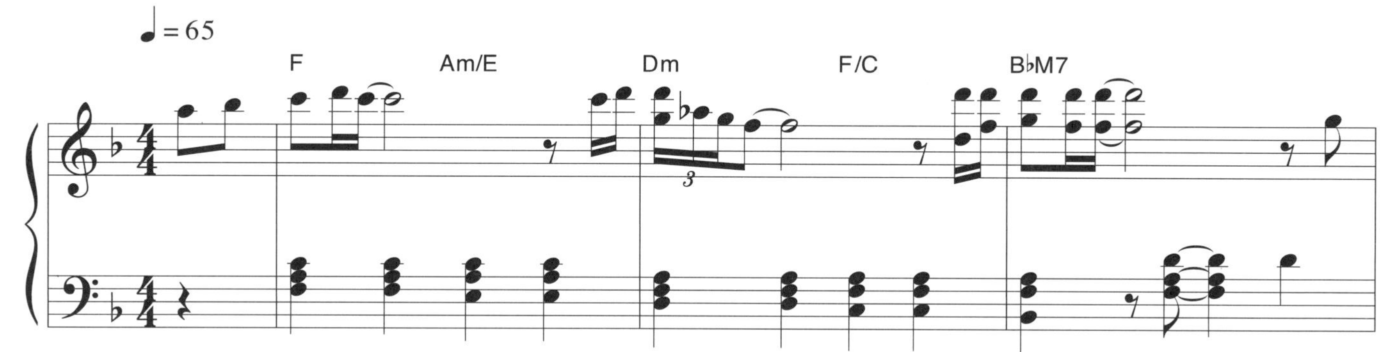

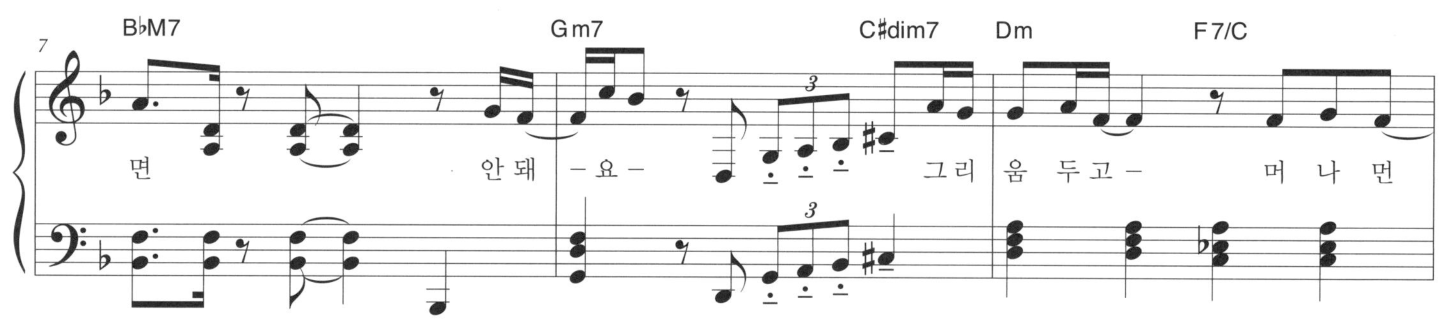

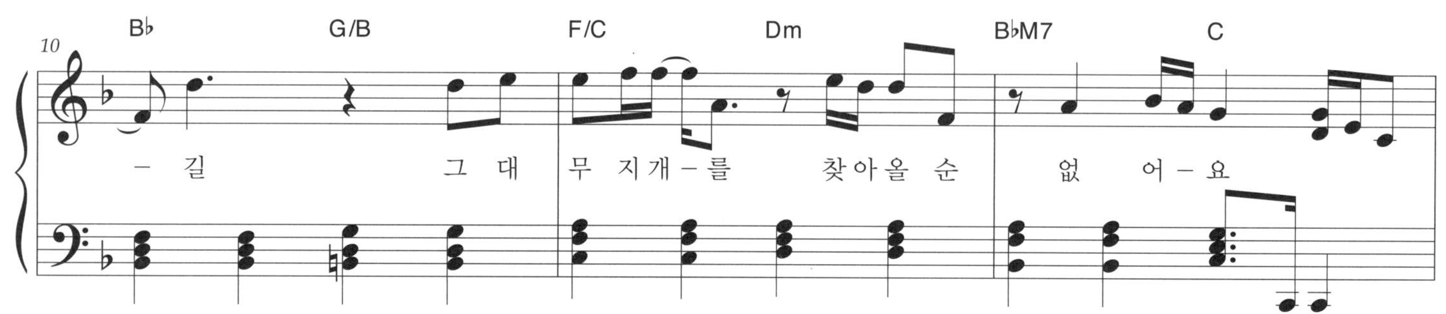

노을 진 창가에 앉 아 — 멀 리 — 떠가 는 구 름을 — 보
며 찾 고 싶은 — 옛 생 각 들
하 늘 에 그 려 요 음 불 어 오 는
차 가운 바람 — 속에 — 그대 — 외 로 워울 — 지만 —
나 항 상 — 그 대 곁에머 물겠 — 어요 떠나 — 지 않 아

노을진 창가에앉아 — 멀리 — 떠가는구름을—보
며
찾고싶은—
옛생각들
18

하늘에그려요
음
불어오는
차가운바람－속에－
그대－외로워울－지만
나항상－그대
곁에머물겠－어요－
떠나－지않아
－요
rit.

휘파람

그대 떠난 여기 노을 진 산마루턱엔
아직도 그대 향기가 남아서 이렇게 서 있소
나를 두고 가면 얼마나 멀리 가려고
그렇게 가고 싶어서 나를 졸랐나
그대여 나의 어린애 그대는
휘파람 휘이히 불며 떠나가 버렸네
그대여 나의 장미여

사랑하는 그대 내 곁을 떠나갈 적엔
그래도 섭섭했었나 나를 보며 눈물 흘리다
두 손 잡고 고개 끄덕여 달라 하기에
그렇게 하기 싫어서 나도 울었네
그대여 나의 어린애 그대는
휘파람 휘이히 불며 떠나가 버렸네
그대여 나의 장미여

Lee Younghoon's Note

시골의 많은 젊은이들이 서울을 동경하며 몰려들던 시절을 배경으로 한 곡이다.

사랑하는 여인을 말릴 수 없어 떠나보내지만, 도시에 가서 얻을 직업이 뻔한데도 보내야했던
한 남자의 슬픔을 상상하며 썼다.

휘파람

작사 이영훈 | 작곡 이영훈

Original Ver.

Album Cover

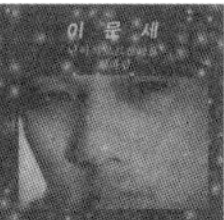

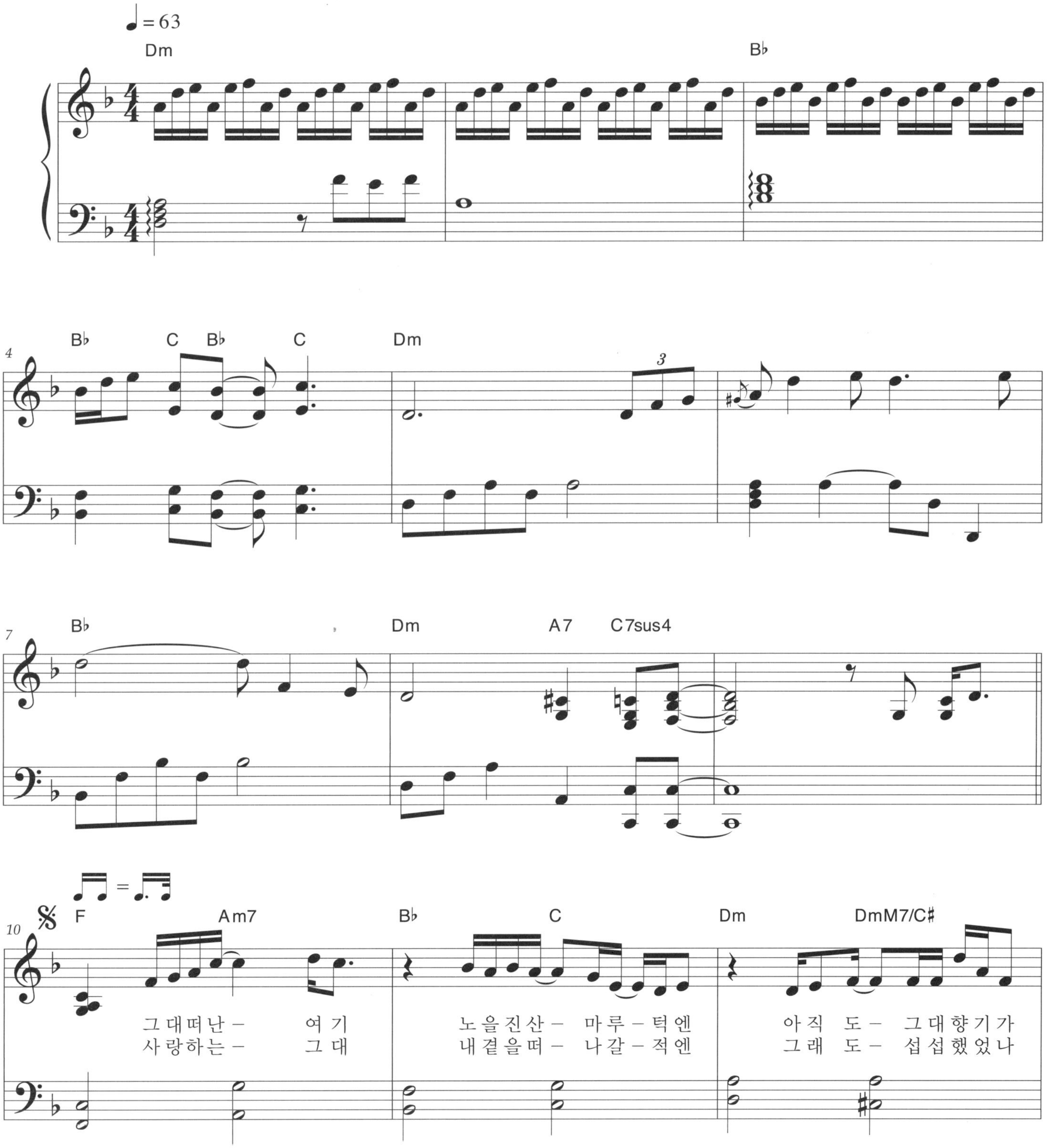

F/C G/B C   F   Am7   B♭   C
남아 서 – 이렇 게서 – 있소   나를두고 – 가면   얼마나멀 – 리가 – 려고
나를 보 – 며눈 물흘 – 리다   두손잡고 – 고개   끄덕여달 – 라하 – 기에

Dm   DmM7/C#   F6/C G/B C   Dm   C
그 렇게 – 가고싶어 서   나를 졸 랐나   그대 여 –   나의 – 어 린애
그 렇게 – 하기싫어 서   나도 울 었네 –

Dm   F   C   Dm
그 대 는   휘 파람 휘 이히 –   불며

G   C   Dm   B♭   C
떠 나 가 버 렸네 –   그 대 여   나의 – 장 미여

Dm   C/D   E7/D   Am
–   그 대 여   나의 – 장 미여   3/4

a tempo
D.S. al Coda
그대여 나의 어린애
그대는 휘파람 휘이히 — 불며
떠나가 버렸네 — 그대여 나의 장미여
rit.
Fade out

빗속에서

비 나리는 거리에서 그대 모습 생각해
이룰 수 없었던 그대와 나의 사랑을
가슴 깊이 생각하네
온종일 비 맞으며 그대 모습 생각해
떠나야 했나요 나의 마음
이렇게 빗속에 남겨 두고

흐르는 눈물 누가 닦아 주나요
흐르는 뜨거운 눈물
오가는 저 많은 사람들
누가 내 곁에 와 줄까요
비 나리는 거리에서 그대 모습 생각해
이룰 수 없었던 그대와 나의 사랑을
가슴 깊이 생각하네

Lee Younghoon's Note

빗소리에, 비 내음에, 옛 기억을 되살리는 슬픔이 닫힌 가슴속으로 파고든다.
서른이 된 남자가 말이다. 지나간 것은 모두 사랑하였다.

빗속에서

작사 이영훈 | 작곡 이영훈

으 며   그 대 모 습   생 각 해 -   떠
나 야 - 했 나 요 나 의 마 - 음 이렇게 - 빗 속 에 - 남 겨 - 두
고   흐 르 는 눈 물   누 가 - 닦 아 주 - 나 요 흐
르 는 - 뜨 거 운 - 눈 물   오 가 는   저
많 - 은 - 사 람 들 누 가 - 내 곁 에 와 줄 까 요   비 나

리 는   거 리 에 서   그 대 모 습   생 각
해 —   이 룰 수 — 없 었 던 — 그 대 와 — 나 의 사 랑 을 — 가
습 깊 이 — 생 각 — 하 네
흐 르 는

E♭   Dm   Gm   Cm   A♭   F/A B♭
눈물 누가 -닦아주-나요 흐르는- 뜨거운-눈물 오

E♭   Dm   Gm   Cm   F
가는 저많-은-사람들 누가 - 내곁에와줄까요 비나

B♭   D7   Gm   E♭   E♭7
리는 거리에서 그대모습 생각해- 이

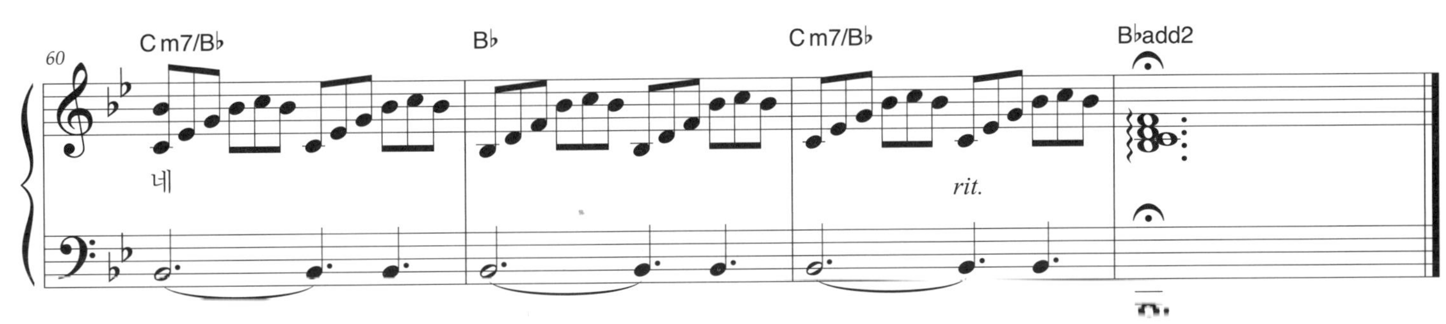

B♭   D7   Gm   G♭   B♭/F   F7
룰수- 없었던- 그 대와- 나의사랑을- 가 슴깊이- 생각 -하

Cm7/B♭   B♭   Cm7/B♭   B♭add2
네   rit.

할 말을 하지 못했죠

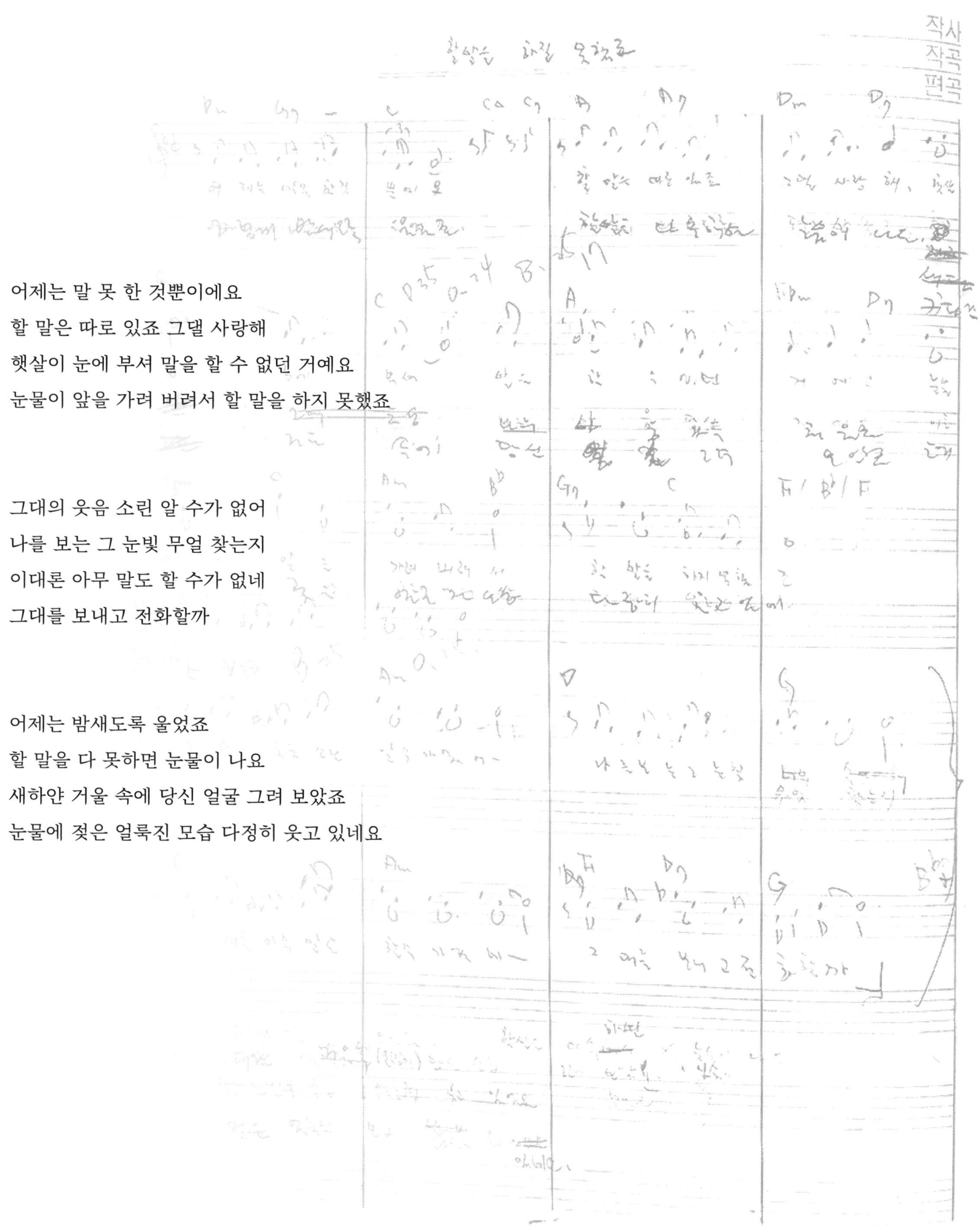

어제는 말 못 한 것뿐이에요
할 말은 따로 있죠 그댈 사랑해
햇살이 눈에 부셔 말을 할 수 없던 거예요
눈물이 앞을 가려 버려서 할 말을 하지 못했죠

그대의 웃음 소린 알 수가 없어
나를 보는 그 눈빛 무얼 찾는지
이대론 아무 말도 할 수가 없네
그대를 보내고 전화할까

어제는 밤새도록 울었죠
할 말을 다 못하면 눈물이 나요
새하얀 거울 속에 당신 얼굴 그려 보았죠
눈물에 젖은 얼룩진 모습 다정히 웃고 있네요

할 말을 하지 못했죠

작사 이영훈 | 작곡 이영훈

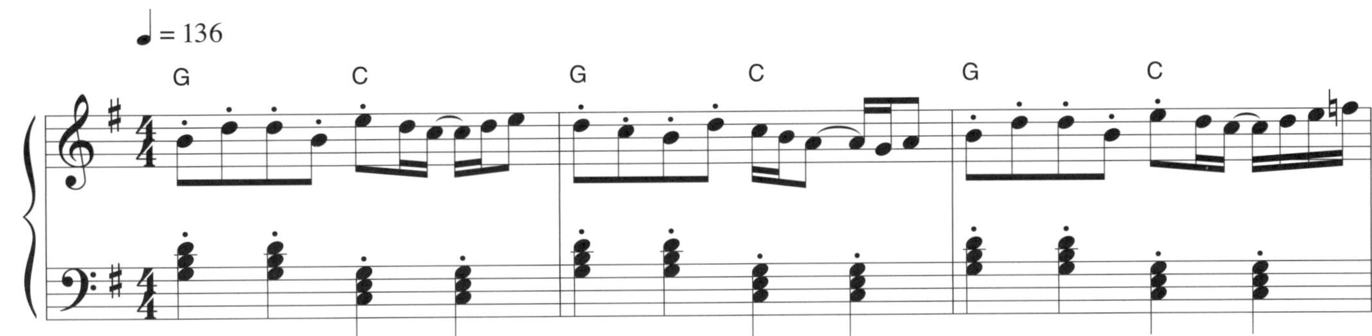

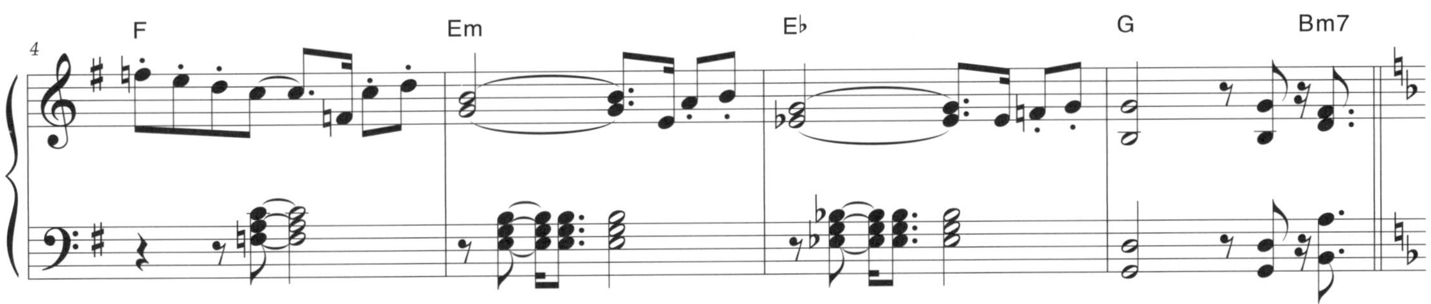

Gm   Am7   B♭   G7/B   C7   F B♭ F
이   앞을 가려버려서   할말을 하지못— 했 죠

E   Am   D/F#   G
그대의 웃음소— 린   알수가없— 어   나를보는그눈— 빛 무얼찾는— 지

E   Am   F   F#dim7   G   Bm7
이대론 아무말— 도   할수가없— 네   그대를보내고전 화할 까

Dm   G7   C   B7 B♭7 A7   /C#   Dm   D/F#
어제는 밤 새도— 록   울었죠   할말을 다못하면 눈물이나요— 새하

Gm   C   A   Dm A7/E D/F#
얀   거울속에   당신얼   굴그려 보았죠 눈물

에   젖 은 얼 룩 진 모습   다 정 히 웃 고 있 - 네
어 제 는 말 못 한 - 것
뿐 이 에 요   할 말 은 따 로 있 - 죠 그 댈 사 랑 해 -   햇 살

51
Gm
C
A
이   눈 에 부 셔   말 을 할   수 없 던
54
Dm   D/F#   Gm   Am7   Bb
거 예 요 눈 물 이   앞 을 가 려 버 려 서
57
G7/B   C   F Bb F
할 말 을 하 지못 — 했   죠
D.S. al Coda
59
E7
60
Am   D7/F#   D   G
63
E7   Am   F   F#dim7
34

어 제 는 밤새 도 - 록 울 었 죠
할 말을 다 못 하 면 눈 물 이 나 요 - 새 하 얀 거 울
속 에 당 신 얼 굴 그 려 보 았 죠 눈 물
에 젖 은 얼 룩 진 모 습 다 정 히 웃 고 있 - 네
요 다 정 히 웃 고 있 - 네 요

8:00 나는 동화를 쓰기로 . (오늘) 결심 했다 .
그래서 안막힘을 잡았다 .
9:00 안막은 설수 없는 도리와 아름다운 동화 반달 이나마
한달 동안 이나도 심심하는 않을 것이다 .
10:00

동화는 개념이는 · 가슴에 증험술 얹었느산 (라이)
11:00 기쁨 좋은 글 . 어쁜 글 . 아름다운 글 . 눈물 붙눈
마음이 시원해지는 글 . 행복해나는 글 .
12:00 슬께. 그런 것이는가 ?

시간을 다시 부르다

나는 오늘 동화를 쓰기로 결심했다.
그래서 만년필을 잡았다.
만년을 쓸 수 있는 펜과 아름다운 동화 한편이라면
만년 동안이라도 심심하진 않을 것이다.
동화라는 개념이란, 가치에 준할 순 있겠지만,
기분 좋은 글, 어린 글, 아름다운 글, 눈물 흘릴 수 있는 글,
마음이 시원해지는 글, 행복해지는 글...
글쎄, 그런 것이랄까?

사랑이 지나가면

그 사람 나를 보아도
나는 그 사람을 몰라요
두근거리는 마음은 아파도
이젠 그대를 몰라요
그대 나를 알아도
나는 기억을 못 합니다
목이 메어 와 눈물이 흘러도
사랑이 지나가면

그렇게 보고 싶던 그 얼굴을
그저 스쳐 지나면
그대의 허탈한 모습 속에
나 이젠 후회 없으니
그대 나를 알아도
나는 기억을 못 합니다
목이 메어 와 눈물이 흘러도
사랑이 지나가면

Lee Younghoon's Note

'사랑이 모두 지나가고 나면⋯⋯'이란 마음을 표현했다. 마치 '세월이 모두 지나가면'과도 같은 뜻이랄까.

20여 년 전 어느 날 저녁 편안히 썼던 이 곡은 나를 평생 작곡가의 길로 이끌었다. 그리고 한국 가요사에 처음으로 200만 장 이상이 공식 집계됨으로써 1987년 제2회 골든디스크 상 대상과 작곡가 상을 받았다.

사랑이 지나가면

작사 이영훈 | 작곡 이영훈

Album Cover

Original Ver.

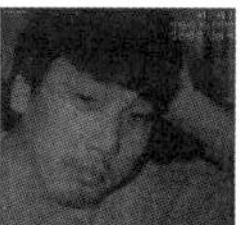

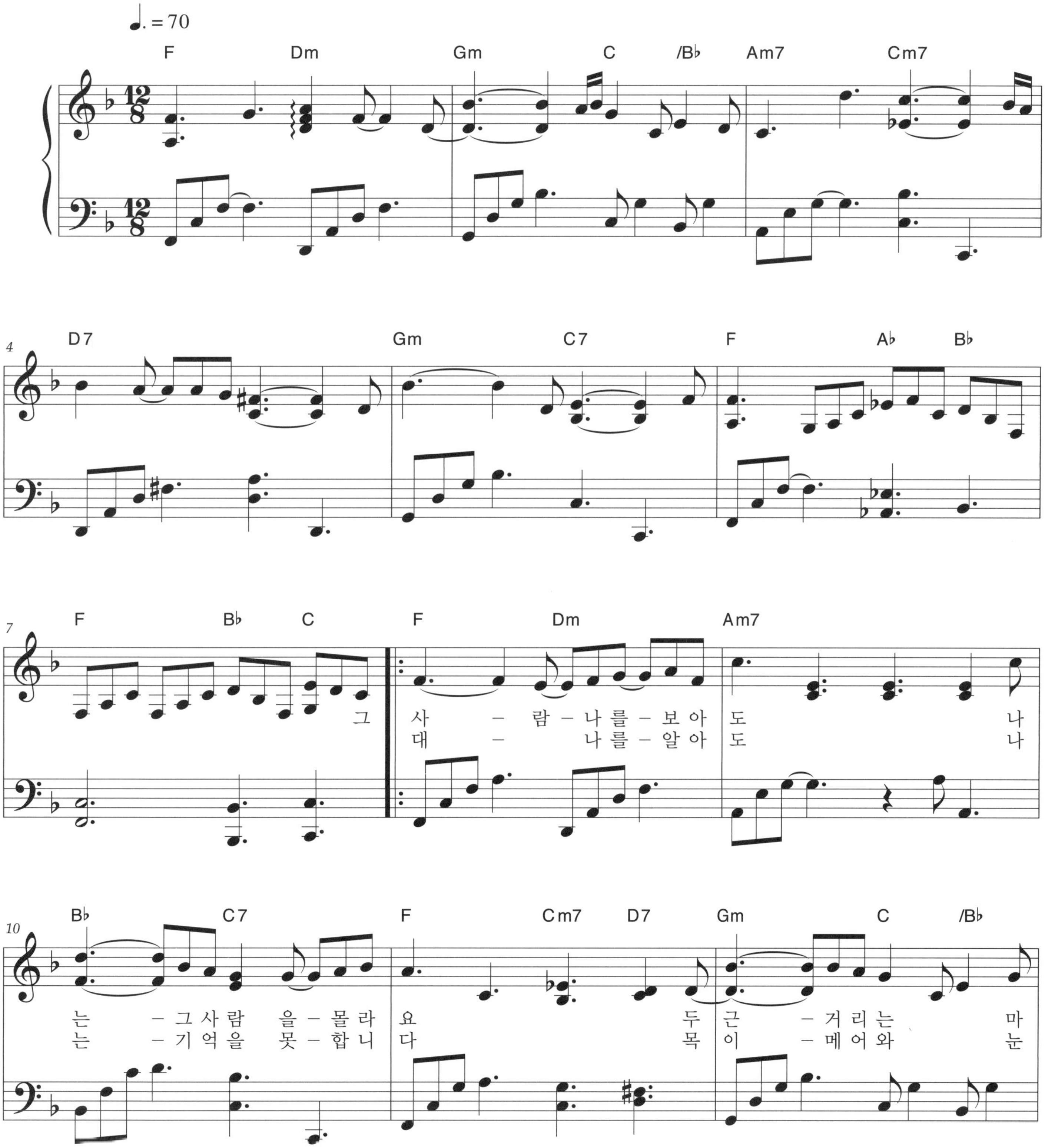

음 은 - 아 파 도 이 젠 그 대 를 - 몰 라 요 그
물 이 - 흘 러 도 사
랑 이 지 나 가 면 그 - 렇 게 - 보 - 고 싶
던 그 - 얼 굴 을 - 그 - 저 스 쳐 - - 지 나 면
그 - 대 의 허 - 탈 한 - 모 습 속 에 - - 나 - 이 젠 - 후 회 - 없 으 니 - - 그
대 나 를 - 알 아 도 나 는 기 억 을 못 - 합 니 다 목

이 —메어와 눈물 이—흘러도 사 랑이 지나가면
면 사
랑—이— 지나가면
rit.
D.S. al Coda

깊은 밤을 날아서

우리들 만나고 헤어지는 모든 일들이
어쩌면 어린애들 놀이 같아
슬픈 동화 속에 구름 타고 멀리 날으는
작은 요정들의 슬픈 이야기처럼
그러나 우리들 날지도 못하고 울지만
사랑은 아름다운 꿈결처럼
고운 그대 손을 잡고 밤하늘을 날아서
궁전으로 갈 수도 있어

난 오직 그댈 사랑하는 마음에
바보 같은 꿈꾸며
이룰 수 없는 저 꿈의 나라로
길을 잃고 헤매고 있어
그러나 우리들 날지도 못하고 울지만
사랑은 아름다운 꿈결처럼
고운 그대 손을 잡고 밤하늘을 날아서
궁전으로 갈 수도 있어

난 오직 그대 사랑하는 마음에 밤하늘을
날아서 그대 잠든 모습 바라보다가
입 맞추고 날아가고파

Lee Younghoon's Note

아직도 그렇지만 하늘을 날아 보고 싶다. 늘 그래 왔고 누구나 그렇지 않을까?

깊은 밤을 날아서

작사 이영훈 | 작곡 이영훈

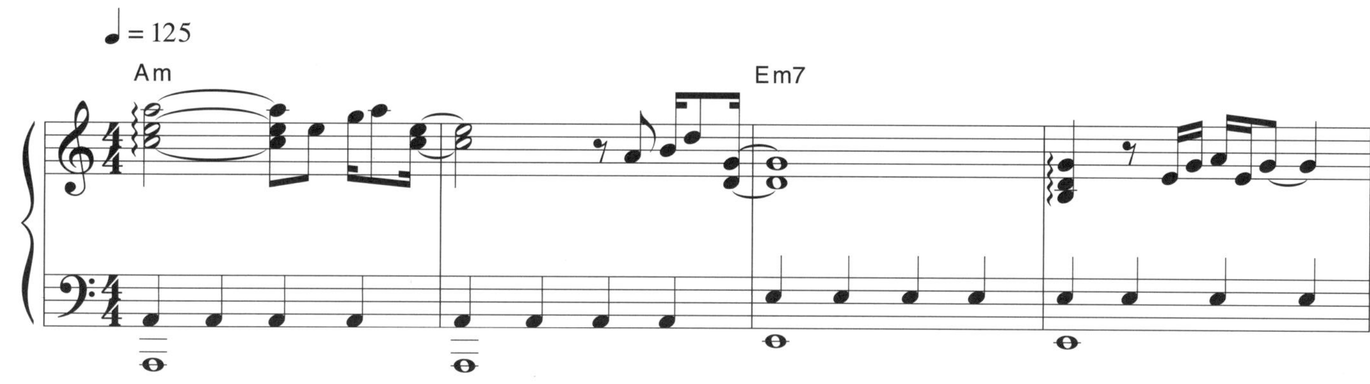

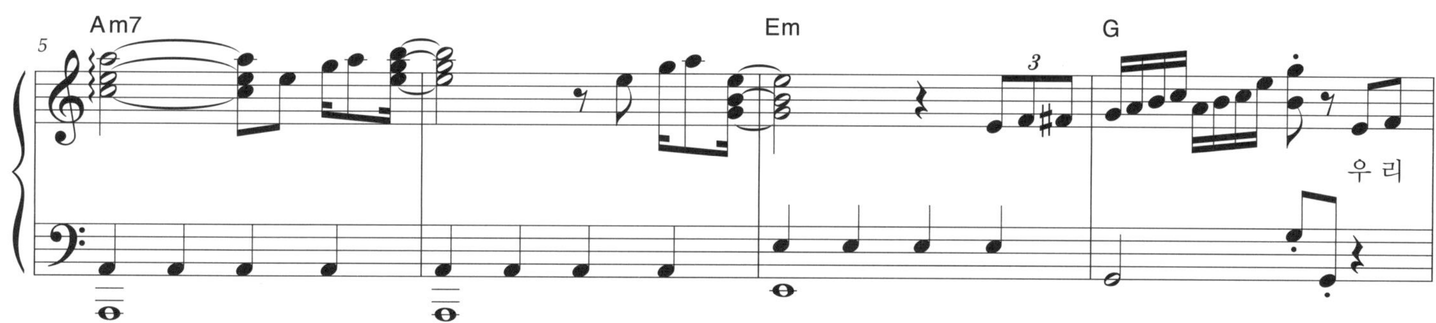

나 우리들 날 지도못하 - 고 울 지만 - 사 랑은아름다운꿈결처 - 럼 고운

그 대손을 잡고 밤하늘 - 을 날아서 궁 전으로 갈 - 수도 있 어 - 난 오

직 그 대 사랑하 - 는마음에 - 바보같 은 꿈 꾸며 - - 이룰

수 없 는 저 꿈 의 나 라로 - 길 을잃고헤매고 있 어 그 러

나 우 리들 날 지도못 하고울 지만 - 사 랑은아름다운꿈결처 - 럼 고운

그 대 손을 잡고 밤 하늘 - 을 날 아 서
궁 전 으로 갈 - 수 도 있 어 -
난 오 직 그 대 - 사 랑
하는 - 마음에 - 밤하 늘 을 날 아 서 그 대 잠 든 모 습

Tempo primo

Dm /C Bm7(♭5) B♭M7 Fm6 F/G G
바 라 보 다 가 — — 입 맞 추 고 날 아 —가 고 파 그 러
C G Am
나 우 리 들 날 지 도 —못 하 고 울 지 만 — 사 랑 은 아 름 다 운 꿈 결 처
Em A Dm G Em Am
—럼 고 운 그 대 손 을 잡 고 밤 하 늘 —을 날 아 서
Dm G F C C E
궁 전 으 로 갈 —수 도 있 어 — 난 오 직 그 대 사 랑 하
Am C F/C Fm/C Dm G
—는 마 음 에 — 밤 하 늘 을 날 아 서 — — 그 대

C /B♭ A Dm /C Bm7(♭5) B♭M7 G7
잠 든 모 습 바 라 보 다 가 - 입 맞 추 고 날 아 가 고
C G
파 - 그 러 나 우 리 들 날 지 도 - 못 하 고 울 지 만 - 사 랑
Am Em A Dm G
은 아 름 다 운 꿈 결 처 - 럼 고 운 그 대 손 을 잡 고 밤 하 늘
Em Am Dm G F6
- 을 날 아 서 꿈 빛 궁 전 으 로 갈 - 수 도 있 어 -
C A♭ B♭ C

가을이 오면

가을이 오면 눈부신 아침 햇살에 비친
그대의 미소가 아름다워요
눈을 감으면 싱그런 바람 가득한
그대의 맑은 숨결이 향기로워요
길을 걸으면 불러 보던 그 옛 노래는
아직도 내 마음을 설레게 하네
하늘을 보면 님의 부드런 고운 미소
가득한 저 하늘에 가을이 오면

가을이 오면 호숫가 물결 잔잔한
그대의 슬픈 미소가 아름다워요
눈을 감으면 지나온 날의 그리운
그대의 맑은 사랑이 향기로워요
노래 부르면 떠나온 날의 그 추억이
아직도 내 마음을 슬프게 하네
잊을 수 없는 님의 부드런 고운 미소
가득한 저 하늘에 가을이 오면

Lee Younghoon's Note

아름다운 강변에서 호수 같은 물가를 바라보며 썼던 곡이다.

가을이 오면

작사 이영훈 │ 작곡 이영훈

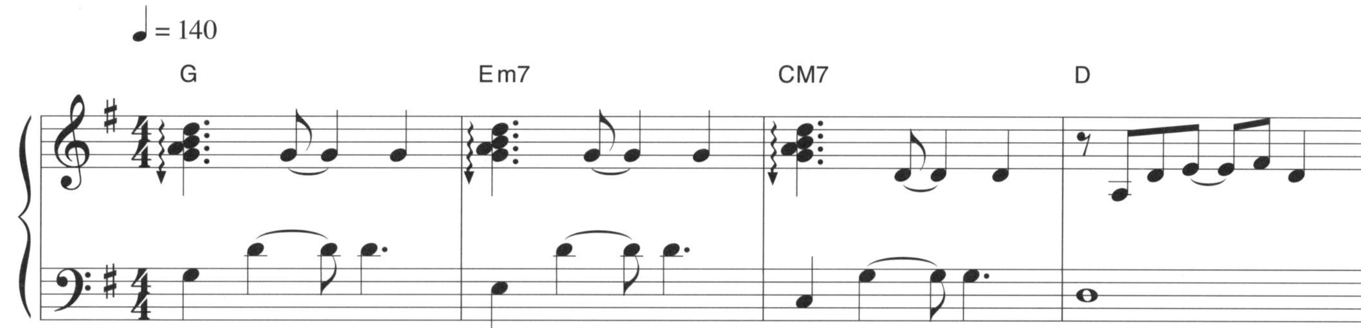

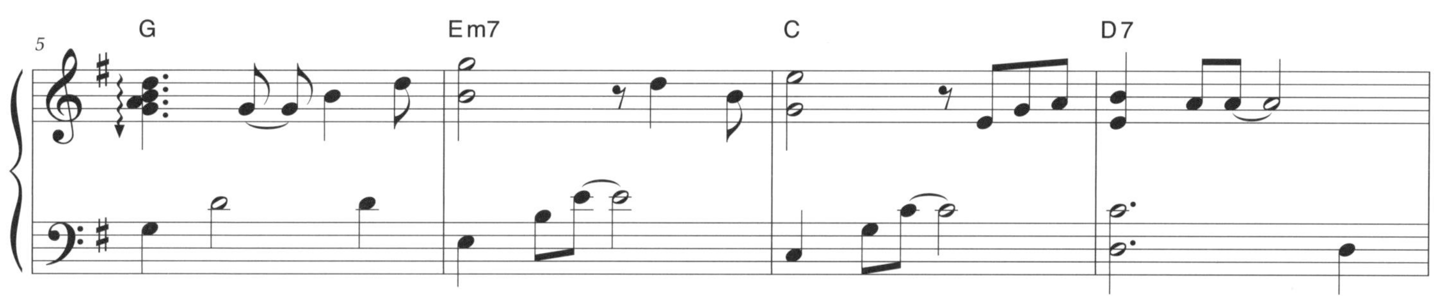

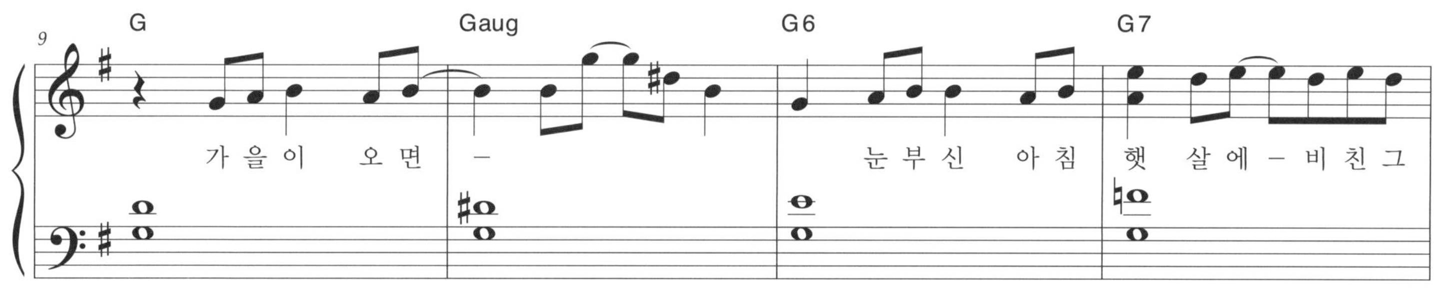

눈을감 으면 -
지나온 날의 그 리운 - 그대의
싱그런 바람 가 득한 - 그대의

맑 은숨 - 결이
맑 은사 - 랑이
향 기 로 워요 -

길을걸으 면 -
노래부르 면 -
불러보던 그 옛 노래는 아 직
떠나온날 의 그 추억이 아 직

- 도 내마음을 설 - 레게하 - 네
- 도 내마 음을 슬 - 프게하 - 네

하 늘을보
잇을수없 면
는
님의부드 런 고 운미소 가득

한 저하늘에 가—을이오 —면
가을이 오면 —
호숫가 물결 잔 잔한—그대의 슬 픈미—소가
아 름
다 워요—
—면
1.
2.

Am7   D 7   Bm7   E 7   /G#
길 을 걸 으 면 —   불 러 보 던 그   옛 노 래 는 아 직
노 래 부 르 면 —   떠 나 온 날 의 그   추 억 이 아 직

Am7   D 7   G   G 7   Am7
— 도 내 마 음 을 설 — 레 게 하 — 네   하 늘 을 보
— 도 내 마 음 을 슬 — 프 게 하 — 네   잊 을 수 없

D 7   /C   Bm7   E 7sus4   E 7/G#   Am7   D 7
면   님 의 부 드 런 고 운 미 소 가 득 — 한 저 하 늘 에 가 — 을 이 오

1.   2.
G   G   Am7   D 7   /C
— 면

Bm7   E   Am7   D 7   G
rit.

그녀의 웃음소리뿐

나의 마음속에 항상 들려오는

그대와 같이 걷던 그 길가에 빗소리

하늘은 맑아 있고 햇살은 따스한데

담배 연기는 한숨 되어

하루를 너의 생각하면서 걷다가 바라본 하늘엔

흰 구름은 말이 없이 흐르고 푸르름 변함이 없건만

이대로 떠나야만 하는가 너는 무슨 말을 했던가

어떤 의미도 어떤 미소도 세월이 흩어 가는 걸

어느 지나간 날에 오늘이 생각날까

그대 웃으며 큰 소리로 내게 물었지

그날은 지나가고 아무 기억도 없이

그저 그대의 웃음소리뿐

하루를 너의 생각하면서 걷다가 바라본 하늘엔

흰 구름은 말이 없이 흐르고 푸르름 변함이 없건만

이대로 떠나야만 하는가. 너는 무슨 말을 했던가

어떤 의미도 어떤 미소도 세월이 흩어 가는 걸

Lee Younghoon's Note

'세월이 흘러도 푸른 하늘과 흰 구름은 변함없고 말이 없다.'는 게 20년이 지난 요즈음 진실로 새삼스럽고,

그 지난날 어른스러웠음이 서글프다. '말이 없다.'는 것이……

그녀의 웃음소리뿐

작사 이영훈 | 작곡 이영훈

Original Ver.   Album Cover

하늘은 맑아- 있고- 햇살은 따스-한데- 담배연기는- 한숨되
그날은 지나- 가고- 아무기억도-없이- 그저그대의- 웃음소리
어뿐 하루를- 너의생각하면서-- - 걷다가 바라본하늘
엔 흰구름 말이없-이 흐르고- 푸르름 변함이없-건
만 이대로- 떠나야만 하는가-- - 너는
무 슨말을했던가 어떤의미도- 어떤미소도- 세월

Gm   B♭   1. Dm
이 흘 어 가 는 걸
2. Dm   F   C   C#dim7 Dm
걸   이 대로— 떠나야만 하 는가— — 너는 무 슨 말을 했 던
Am7   B♭   F   Gm   B♭
가 어 떤 의 미도— 어떤 미 소도— 세월 이 흘어 가 는
Dm   F   C   C#dim7 Dm
걸   이 대로— 떠나야만 하 는가— — 너는 무 슨 말을 했 던
Am7   B♭   F   Gm   B♭
가 어 떤 의 미도— 어떤 미 소도— 세월 이 흘어 가 는

Dm   F   C   Dm
걸   이 대로— 떠나야만 하 는가— — — 너는 무   슨 말을 했던
Am7   B♭   F   Gm   B♭
가   어떤 의 미도—   어떤 미 소도—   세월이 흘어 가— 는
Dm   C   F   C   C#dim7   Dm
걸   이 대로— 떠나야만 하 는가— — — 너는 무   슨 말을 했던
Am7   B♭   F   Gm   B♭
가   어떤 의 미도—   어떤 미 소도—   세월이 흘어 가— 는
1.
Dm
걸
2.
Dm
걸   rit.
8va
8vb

이별이야기

이렇게 우린 헤어져야 하는 걸
서로가 말은 못 하고
마지막 찻잔 속에 서로의 향기가 되어
진한 추억을 남기고파

우리는 서로 눈물 흘리지 마요
서로가 말은 같아도
후회는 않을 거야 하지만 그대 모습은
나의 마음을 아프게 해
그대 내게 말로는 못하고
탁자 위에 물로 쓰신 마지막 그 한 마디
서러워 이렇게 눈물만
그대여 이젠 안녕

Lee Younghoon's Note

나는 가끔 곡을 쓸 때 영화의 한 장면을 떠올리곤 한다. 나의 마지막 꿈은 영화감독이다.

이별이야기

작사 이영훈 | 작곡 이영훈

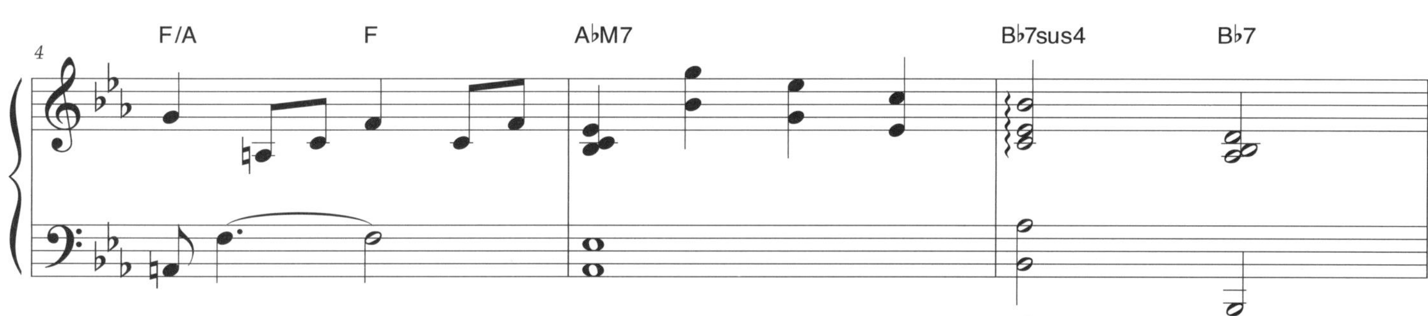

Fm
FmM7
B♭7sus4
B♭
E♭
추 억 을 — 남 기 고 파 — 우 리 는 서 로 — 눈 물

G7
A♭
A♭m6
E♭
C7(♭9)
흘 리 지 마 요 — 서 로 가 말 은 같 아 도 — 후 회

Fm
B♭7
Gm
G7/F
Cm7
C7(♭9)
Fm
FmM7
Fm7
는 않 을 거 야 — 하 지 만 그 대 모 — 습 은 — 나 의 마 음 을 — 아 프 게

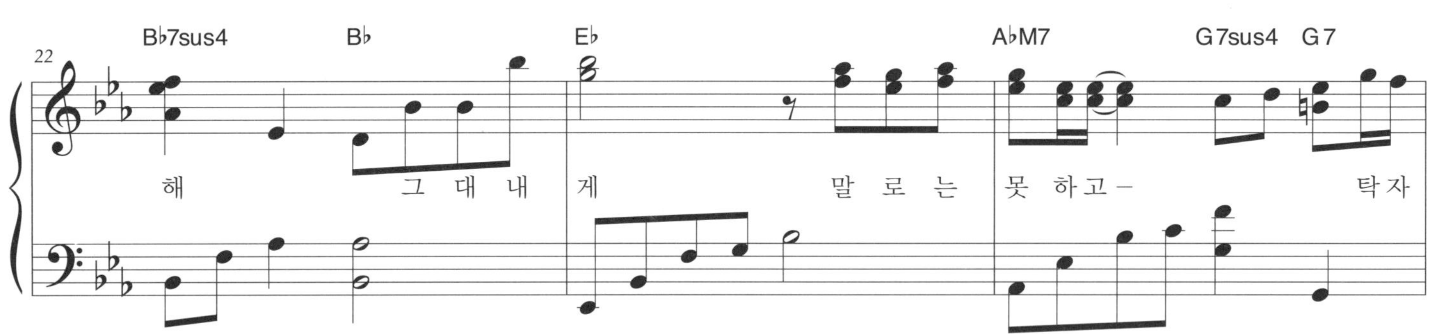

B♭7sus4
B♭
E♭
A♭M7
G7sus4
G7
해 그 대 내 게 말 로 는 못 하 고 — 탁 자

Fm7
B♭
/A♭
Gm7
G7/F
Cm
A♭
위 에 물 로 — 쓰 신 — 마 지 막 그 한 — 마 디 — 서 러 워 이 렇 게

눈 물 - 만
그 대 여 이 젠 - 안
녕
그 대 여 이 젠 안
녕
rit.

지끼 우르께?
엄. 마음

1988年
기억은 풍경이 된다

어렸을 때의 한가로운 한낮의 추억과 같이
더 아름다운 것은 없다.
어른이 되어 하나, 둘 아는 것이 늘어가면서
기쁨보다는 무료한 권태만이
신비로움과 창조의 기쁨을 줄어들게 한다.
성당의 정오 종소리를 들으면, 점심 먹으러 집으로 시간 맞춰 들어가던
어린 날이 그리웁다.
그날의 어머님은 하늘나라에 계시다.
보고 싶은 어머니.

광화문 연가

이제 모두 세월 따라
흔적도 없이 변하였지만
덕수궁 돌담길엔 아직 남아 있어요
다정히 걸어가는 연인들

언젠가는 우리 모두
세월을 따라 떠나가지만
언덕 밑 정동길엔 아직 남아 있어요
눈 덮인 조그만 교회당

향긋한 오월의 꽃향기가
가슴 깊이 그리워지면
눈 내린 광화문 네거리 이곳에
이렇게 다시 찾아와요

Lee Younghoon's Note

이 곡은 〈옛사랑〉과 더불어 내 음악 세계의 두 기둥이 되는 곡 중 하나다.
광화문 정동 근처의 작은 교회와 덕수궁 돌담길을 배경으로 한 아름다운 사랑 이야기이다.
나의 이야기, 또 많은 연인들의 못다 한 사랑 이야기…….

광화문 연가

작사 이영훈 | 작곡 이영훈

Original Ver. Album Cover

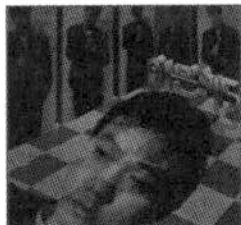

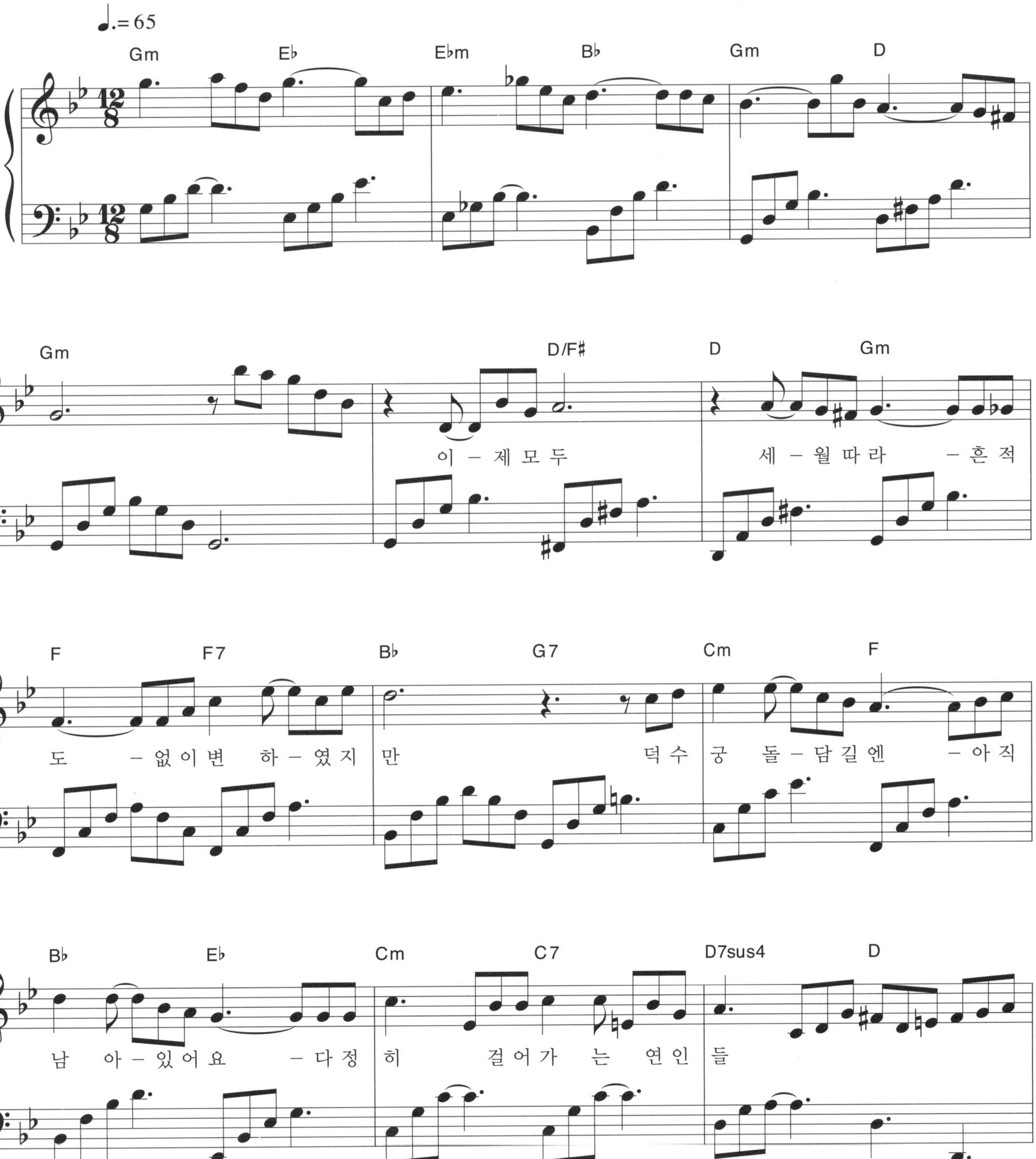

Gm   D/F#   D   Gm
언 - 젠가는   우 - 리모두   - 세월
F   F7   Bb   G7
을 - 따라떠나 - 가지만   언덕
Cm   F   Bb   Eb
밑 정 - 동길엔   - 아직 남 아 - 있어요   - 눈덮
Cm   D7   Gm
힌 조그만 교회당   향긋
F   Bb   Dm
한 - 오월의 꽃 - 향기가   가슴

깊 이 — 그 리 워 지 면 눈
내 린 — 광 화 문 — 네 거 리 — 이 곳 에 — 이 렇
게 다 시 찾 아 와 요
언 — 젠 가 는 우 — 리 모 두 — 세 월
을 — 따 라 떠 나 가 지 만 언 덕

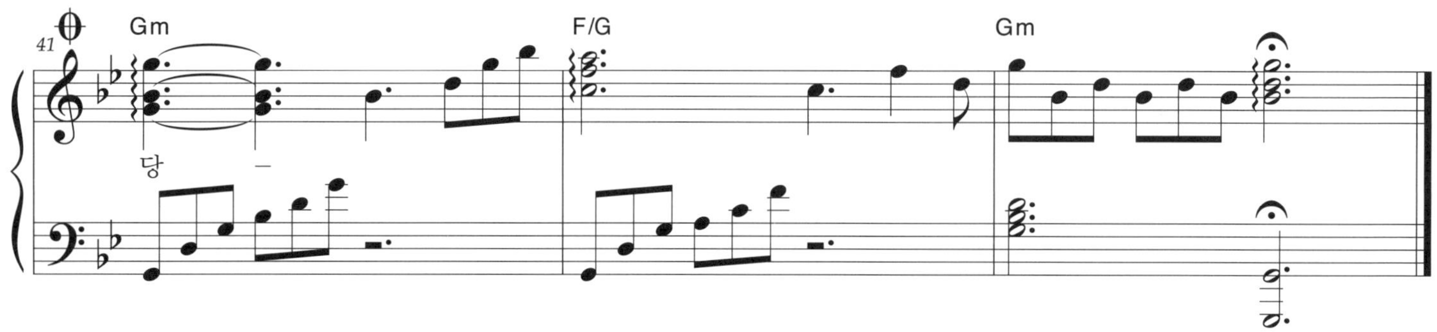

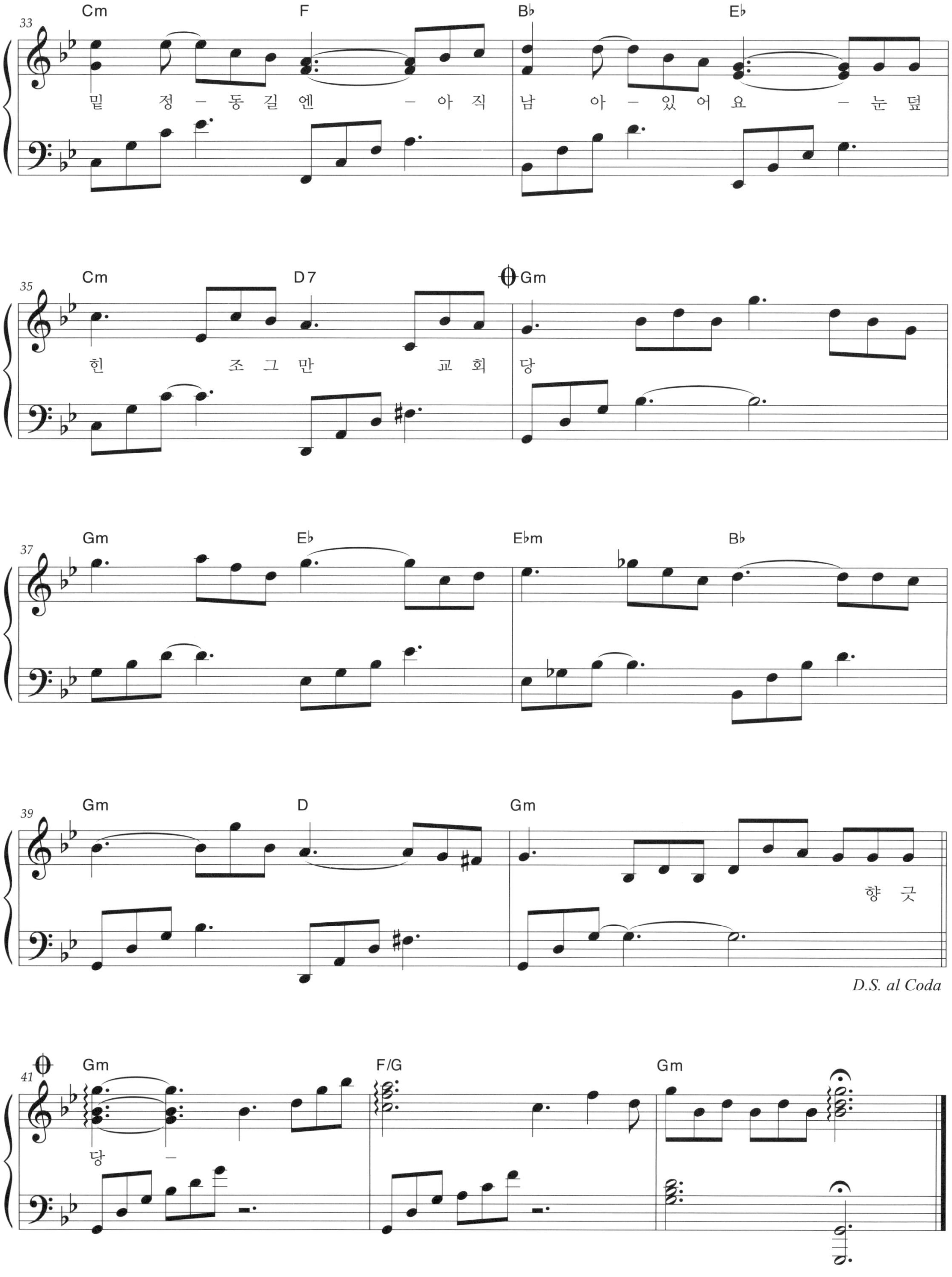
33
Cm F B♭ E♭
밑 정 – 동 길 엔 – 아 직 남 아 – 있 어 요 – 눈 덮
35
Cm D7 Gm
힌 조 그 만 교 회 당
37
Gm E♭ E♭m B♭
39
Gm D Gm
향 긋
D.S. al Coda
41
Gm F/G Gm
당 –

가로수 그늘 아래 서면

라일락 꽃향기 맡으면

잊을 수 없는 기억에

햇살 가득 눈부신 슬픔 안고

버스 창가에 기대 우네

가로수 그늘 아래 서면

떠가는 듯 그대 모습

어느 찬비 흩날린 가을 오면

아침 찬바람에 지우지

이렇게도 아름다운 세상

잊지 않으리 내가 사랑한 얘기

여위어 가는 가로수 그늘 밑

그 향기 더하는데

아름다운 세상 너는 알았지

내가 사랑한 모습

저 별이 지는 가로수 하늘 밑

그 향기 더하는데

내가 사랑한 그대는 아나

Lee Younghoon's Note

동숭동 대학로가 늘 한가롭던 시절. 1983년 작업실이 혜화동 로터리에 있었고

밤새 작곡을 한 후 새벽이나 이른 아침이면 그 길들을 거슬러 산책하는 습관이 있었다.

그러던 어느 가을날을 그린 무상한 曲. 이 곡과 〈해바라기〉와 〈그녀의 웃음소리뿐〉은 한 벌의 옷 같은 곡들이다.

가로수 그늘 아래 서면

작사 이영훈 | 작곡 이영훈

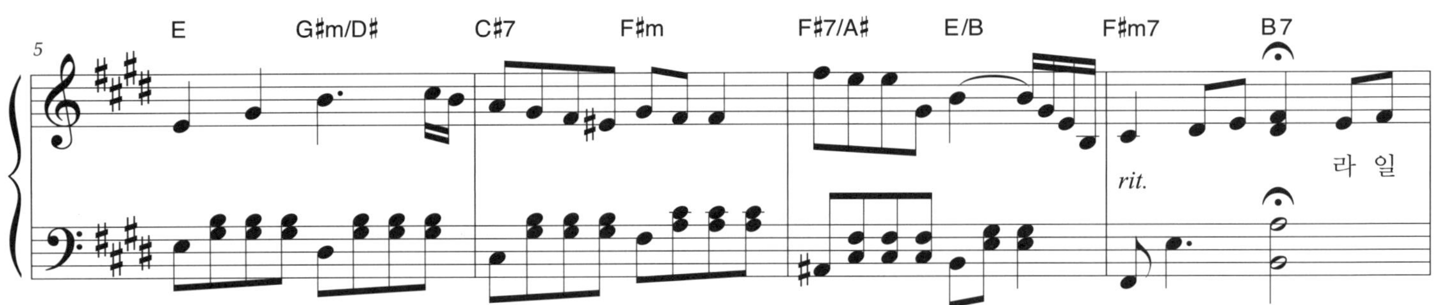

E   B   C#m   /B   E   B/D#   C#m   /B
수 그늘아래－서면－   떠가 는 듯 그대모 습 －   어느

A   B   C#m   A   E   B   C#m   E7
찬 비흘날린－－가 을오면   아침 찬 바람에 지우 －지   이렇게

A   B   E   G#   C#m   A   B
도   아름다운세 －상   잊지－않으 리   내가사랑한

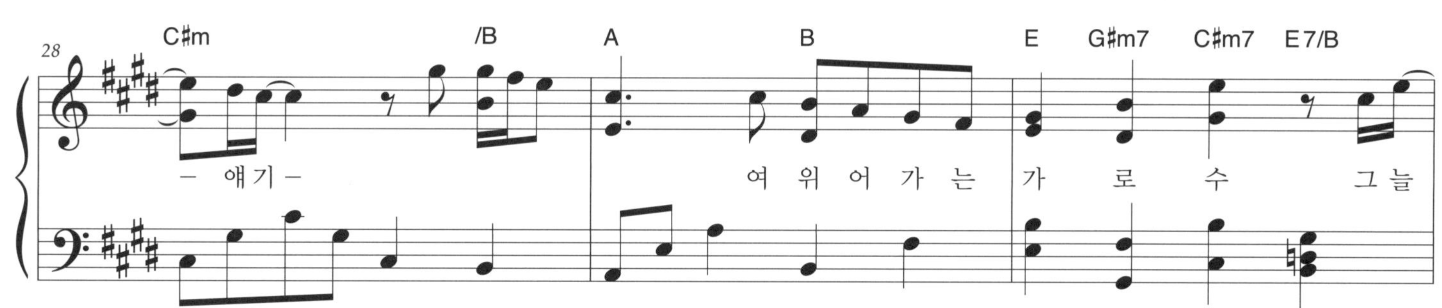

C#m   /B   A   B   E   G#m7   C#m7   E7/B
－ 얘기－   여위어가는 가 로 수   그늘

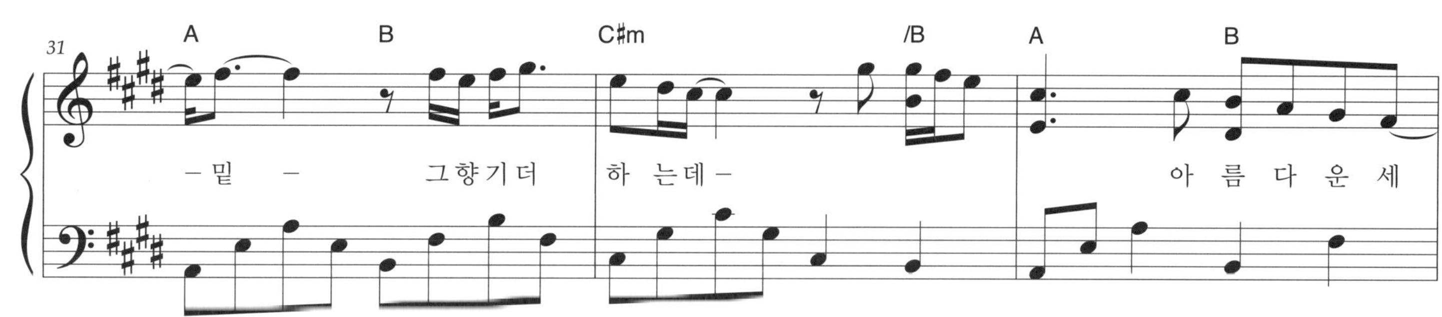

A   B   C#m   /B   A   B
－밑 －   그향기더 하 는데 －   아 름다운세

E   G#   C#m   A   B   C#m   /B
상   너는-알았지   내가사랑한 - 모습-
A   B   E   G#m7 C#m7 E 7/B   A   B
저 별이지는 가 로 수   하늘-밑 -   그향기더
C#m   G#m7   A   B   C#m
하 는데 -
F#m   B   E   E 7   A   B
E   A   F#7/A#   E/B   F#m7   B7
가 로
D.S. al Coda

하 는 데 -
내 가 사 랑
한
그 대 는 아 나
rit.

붉은 노을

붉게 물든 노을 바라보면
슬픈 그대 얼굴 생각이 나
고개 숙이네 눈물 흘러
아무 말 할 수가 없지만
난 너를 사랑해 이 세상은 너뿐이야
소리쳐 부르지만 저 대답 없는
노을만 붉게 타는데

그 세월 속에 잊어야 할
기억들이 다시 생각나면
눈 감아요 소리 없이 그 이름 불러요
아름다웠던 그대 모습
다시 볼 수 없는 것 알아요
후회 없어 저 타는 노을 붉은 노을처럼
난 너를 사랑해 이 세상은 너뿐이야
소리쳐 부르지만 저 대답 없는
노을만 붉게 타는데

어데로 갔을까 사랑하던
슬픈 그대 얼굴 보고 싶어
깊은 사랑 후회 없어
저 타는 붉은 노을처럼

붉은 노을

작사 이영훈 | 작곡 이영훈

Original Ver.

Album Cover

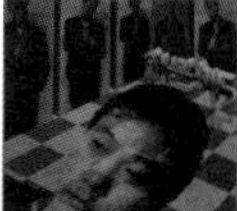

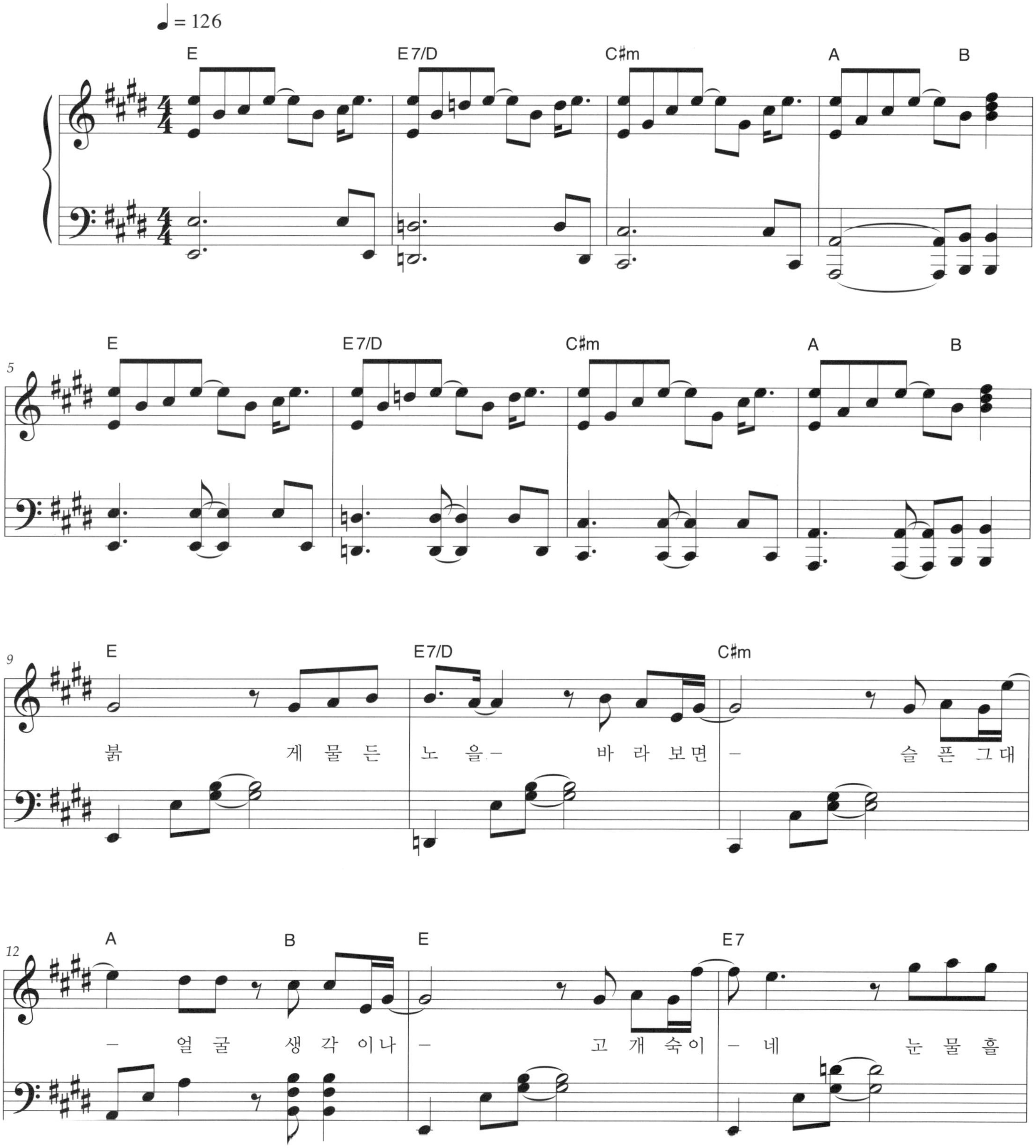

C#m A B %S E G#7 C#m
러 아 무 말 할 수 가 없 - 지 만 난 너 를 사 랑 해
C#m A B E A B
- - 이 세 상 은 너 뿐 이 - 야 소
E G#7 C#m A B E
리 쳐 부 르 지 만 - 저 대 답 없 는 노 을 만 붉 게 타 는
E B/D#
- 데 그 세 월 속 에 - 잇 어 야
C#m A B G#m
- 할 기 억 들 이 다 시 - 생 각 나 면 눈 감 아

요 소리없이 그이름불 러요
아 름다웠던 그대모 습 다시볼
수 없는 것 알아요 후회없 어 저타는
노 을 붉은노을 처럼 난 너를사랑해
소 이세상은너뿐이 야 소

E   G#7   C#m   A   B   E
리 쳐 부르지만 — 저대 답없 는 노을 만 붉게타 는
E
— 데
E 7/D
C#m   A   B   E
E 7/D   C#m   A   B
E   E 7/D   C#m   A   B
어 데로갔 을까 — 사랑 하던 — 슬픈 그대 — 얼굴 보고 싶어

E   E7   C#m   A   B
깊은 사 —랑   후회없 어   저 타 는 붉 은 노 을 — 처 럼
D.S. al Coda

E   G#7   C#m   A   B   E   A   B
난 너 를 사랑해 — —   이 세 상 은 너 뿐 이 — 야   소

E   G#7   C#m   A   B   E
리 쳐 부르지만 —   저 대 답없 는 노 을 만 붉 게 타 는 — 데

E 7/D   C#m   A   B   E

E 7/D   C#m   A   B   E

8vb

시를 위한 시(詩)

바람이 불어 꽃이 떨어져도
그대 날 위해 울지 말아요
내가 눈 감고 강물이 되면
그대의 꽃잎도 띄울게

나의 별들도 가을로 사라져
그대 날 위해 울지 말아요
내가 눈 감고 바람이 되면
그대의 별들도 띄울게

이 생명 이제 저물어요
언제까지 그대를 생각해요
노을 진 구름과 언덕으로
나를 데려가 줘요

나의 별들도 가을로 사라져
그대 날 위해 울지 말아요
내가 눈 감고 바람이 되면
그대의 별들도 띄울게

Lee Younghoon's Note

1987년 전해 들은 어느 불쌍한 소녀를 위한 시. 그러나 아무도 이 시의 내용은 모른다.
〈기억이란 사랑보다〉, 〈옛사랑〉 이후 제대로 쓴 가사라 생각했던 곡이다.

시를 위한 시(詩)

작사 이영훈 | 작곡 이영훈

Original Ver. *Album Cover*

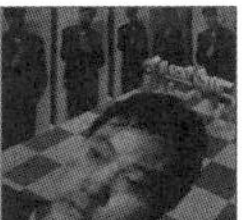

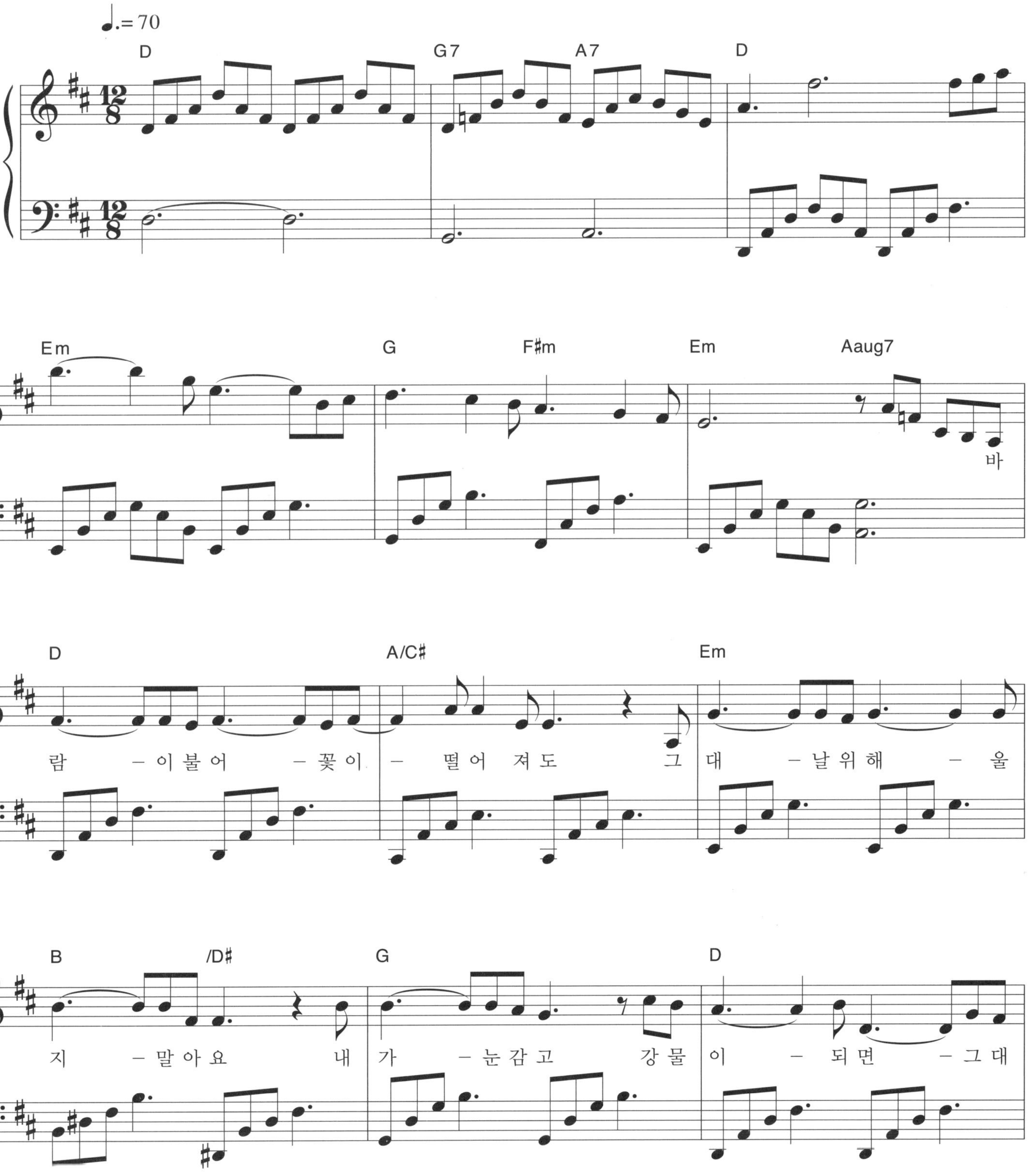

Em   C   Asus4   A7   D
의 －꽃잎도 －띄울게－ 나의 －별들도 －가을
A/C♯   Em   B   /D♯
로 －사라져 그대 －날위해 －울지 －말아요   내
G   D   Em   A
가 －눈감고 바람이 －되면 －그대의 －별들도 －띄울
D   Bm   F♯m   G
게   이생명 －이제저물어요   언－제까

지 그대를 생 각 해 요
노 을 진 구름과 언 덕으
로 나를 데
려 가 줘 요
나
의 별들도 가을로 사 라 져
그 대 날위해 울
지 말 아 요
내 가 눈감고
바람 이 되면 그대

의 －별들도 －띄울게
이 생 명 －이제저 물－어 요 언－제 까
지 －그대를 생－각해 요 노 을 진 －구름과 언－덕으

Bm
G
F#
Aaug7
로 나를 데 려 가줘 요 나
D
A/C#
Em
의 별들도 가을로 사라져 그대 날위해 울
B
/D#
G
D
지 말아요 내가 눈감고 바람이 되면 그대
Em
A
D
의 별들도 띄울 게
D
rit.
8vb

오늘.   1992. 1. 30 · · · · ○

작업실은 나가. 눈싸래기가 휘날리고 있었다.
TAXI는 타고. (bouble은 안하고 한낮 기다렸음.) 오늘 들은
눈이 함박눈이 되었고.
온도는 낮은듯. 쌓이지 않는 눈이 공중만 얼쩡대다가.
집복가는 어둠의 공간을 헤매이다. 휘날리우다.
내 기억을 붙. 휘날려. 품에 안기어도 않는 저희.
이제는 기억바닌다고. 잘 떠가려 않는 녀석들고.
얼쩡대다가. 진눈깨비는 많고. 눈이 소리들어.
기억을 휘날려.

저리고 향하는 TAX2 속에서 사랑한다는 생각이 부풀어옼라
와서. 운고 싶은 우스웁는 나의 마음.
바로 눈녹듯 번쩍 찾아오는 내 못하니, 넘치이.
사랑 한다는게. 하늘속 깊이 있다는 것을
새삼 느꼈다.

1991年
슬픔이 머무는 방식

작업실을 나오니 눈싸라기가 휘날리고 있었다.
택시를 타고 (더블을 안 주려고 한참 기다렸음)
오는 동안 함박눈이 되었고, 온도는 낮은 편.
쌓이지 않는 눈이 공중만 맴돌다가 칠흑 같은 어둠의 공간을 헤매다 휘날리다.
내 기억의 끝, 뒤안길. 부여 안겨봐도 같은 저편에
이젠 기억하려 해도 잘 떠오르지 않는 모습들만 맴돌다가,
질퍽한 땅으로 녹아 스며든다.
기억의 뒤안길.

집으로 향하는 택시 속에서 사랑한다는 생각에 뿌듯했다.
아내, 은으로 만든 구슬 같은 나의 아내.
벨을 누르면 반겨 맞아주는 내 똘마니, 넓적이.
사랑한다는 게. 마음속 깊이 있다는 것을 새삼 느꼈다.

옛사랑

남들도 모르게 서성이다 울었지
지나온 일들이 가슴에 사무쳐
텅 빈 하늘 밑 불빛들 켜져 가면
옛사랑 그 이름 아껴 불러보네
찬바람 불어와 옷깃을 여미우다
후회가 또 화가 난 눈물이 흐르네
누가 물어도 아플 것 같지 않던
지나온 내 모습 모두 거짓인가
이젠 그리운 것은 그리운 대로 내 맘에 둘 거야
그대 생각이 나면 생각난 대로 내버려두듯이

흰 눈 나리면 들판에 서성이다
옛사랑 생각에 그 길 찾아가지
광화문 거리 흰 눈에 덮여 가고
하얀 눈 하늘 높이 자꾸 올라가네
이젠 그리운 것은 그리운 대로 내 맘에 둘 거야
그대 생각이 나면 생각난 대로 내버려두듯이

사랑이란 게 지겨울 때가 있지
내 맘에 고독이 너무 흘러넘쳐
눈 녹은 봄날 푸르른 잎새 위엔
옛사랑 그대 모습 영원 속에 있네

Lee Younghoon's Note

어쩌다가 이 곡의 가사를 쓰고 난 후 더 이상 쓸 말이 없었다. 아니, '하고 싶은 말이 없었다.'가 정확한 표현일 것이다.
이 곡 이후에 쓴 내 노래의 가사들은 모두가 별첨 정도일 뿐이다.

옛사랑

작사 이영훈 | 작곡 이영훈

D A Bm E A E
사랑 — 생각에 — 그 길 찾아 — 가 지 광 화 문 거리 — 흰 눈
맘 에 — 고독이 — 너 무 흘러 — 넘 쳐 눈 녹 은 봄날 — 푸 르

F#m C#7 D A Bm E7
에 덮여 가고 — 하 얀 눈 — 하늘 높이 자 꾸 올라 라 — 가
른 잎 새 위엔 — 옛 사 랑 — 그대 모 습 영 원 속에 — 있

A C G/B Am E
네

F C/E Dm G C G

Am E7 F C Am7 Dm G7 C E7
이

D.S. al Coda

네
흰 눈 나 리 면 - 들 판 에 서 성 이 다 - 옛
사 랑 - 생 각 에 - 그 길 찾 아 - 가 지 광 화 문 거 리 - 흰 눈
에 덮 여 가 고 하 얀 눈 - 하 늘 높 이 자 꾸 올 라 가 네
rit.

회전목마

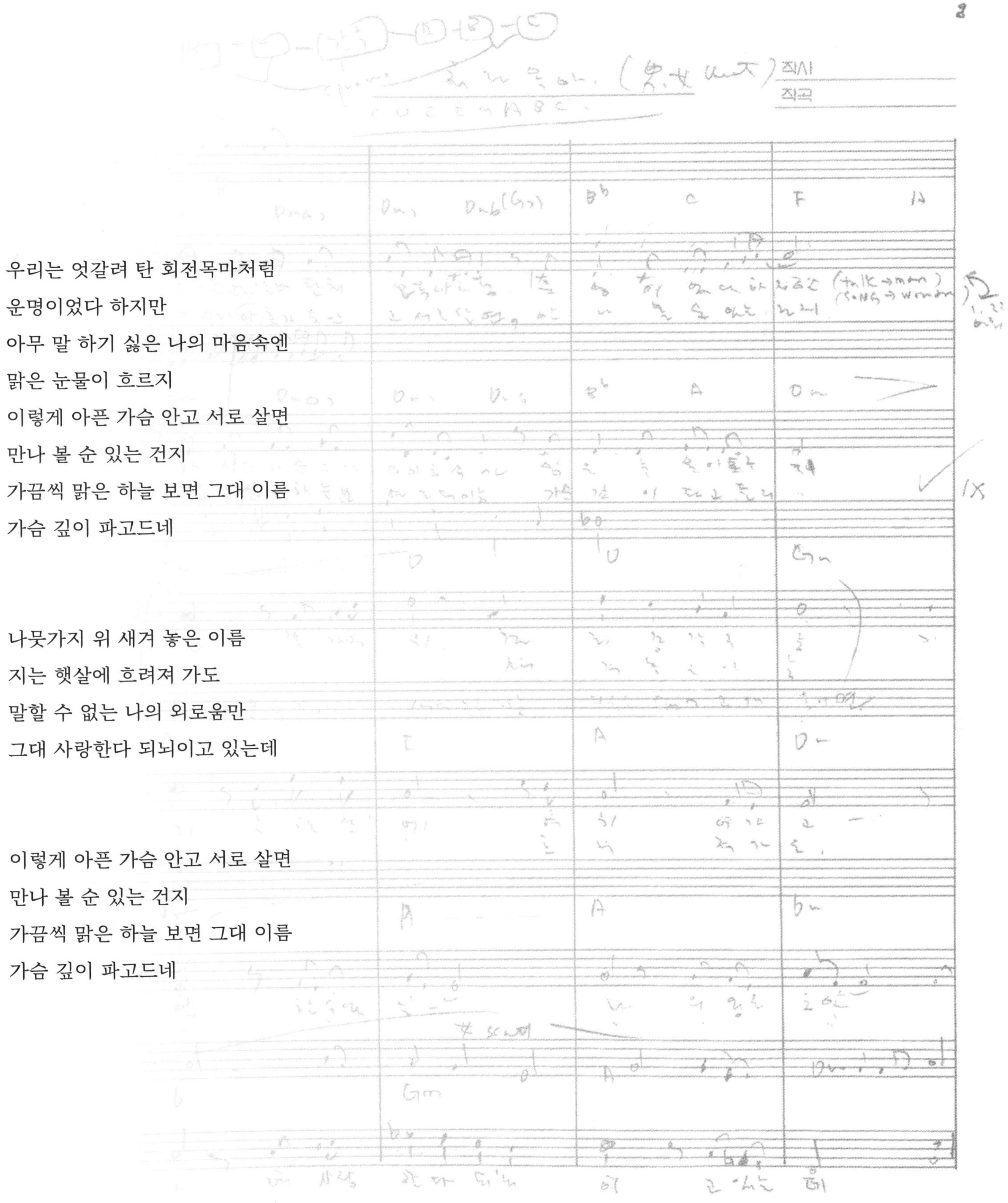

우리는 엇갈려 탄 회전목마처럼
운명이었다 하지만
아무 말 하기 싫은 나의 마음속엔
맑은 눈물이 흐르지
이렇게 아픈 가슴 안고 서로 살면
만나 볼 순 있는 건지
가끔씩 맑은 하늘 보면 그대 이름
가슴 깊이 파고드네

나뭇가지 위 새겨 놓은 이름
지는 햇살에 흐려져 가도
말할 수 없는 나의 외로움만
그대 사랑한다 되뇌이고 있는데

이렇게 아픈 가슴 안고 서로 살면
만나 볼 순 있는 건지
가끔씩 맑은 하늘 보면 그대 이름
가슴 깊이 파고드네

회전목마

작사 이영훈 | 작곡 이영훈

고 서로— 살 면 만 나 볼 순 있 는 건 지 가끔씩 맑은 하늘— 보

면 그대— 이 름 가 슴 깊 이 파 고 드 네 —

나 뭇 가 지 위 새 겨 놓 은 이

름 지 는 햇 살 — 에 흐

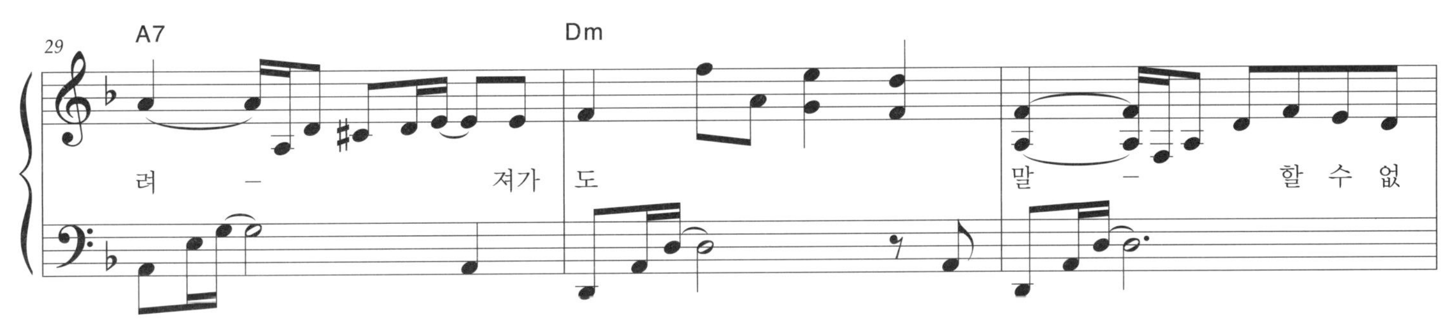
려 — 져 가 도 말 — 할 수 없

는 — — 나 — 의 외 로 움 만
그 대 사 랑
한 다 되 뇌 이 고 있 는 데
1.

2.
Dm   A7/C#   Am/C   G/B   B♭   C
이렇게 아 픈 가슴 - 안 고 서로 - 살 면 만 나 볼 순 있 는 건

F   A7   Dm   A7/C#   Am/C   G/B
지 가 끔 씩 맑 은 하늘 - 보 면 그대 - 이 름 가

B♭   A7   Dm
습 깊 이 파 고 드 네 -

A7   Dm   D7

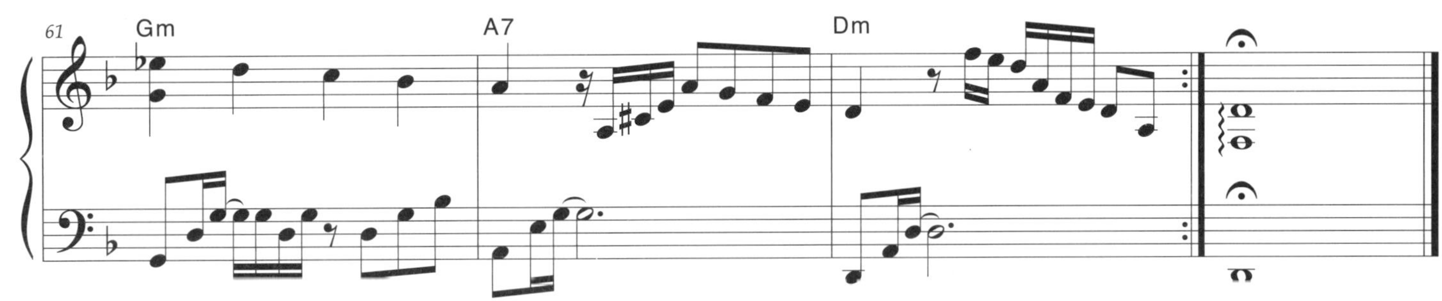
Gm   A7   Dm

풋잠 속에 문득

내 어릴 적 걷던 그 길 좁다란 골목길엔
낡은 지붕 사이로 파란 조각 하늘빛 아름답던
흰 눈 나리면 언덕길 너머 작은 공터에
달려가 본 하늘과 같은 내 맘속에 그대여

아름다운 지난 옛일들이
풋잠 속에 문득 기억이 나듯이
우리 사랑도 슬퍼 않으리라
아쉬운 이야기가 어른 되고 난 후에는
커 보이질 않으리

풋잠 속에 문득

작사 이영훈 | 작곡 이영훈

Original Ver. *Album Cover*

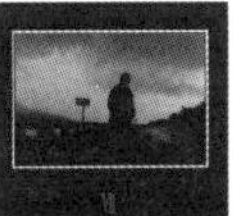

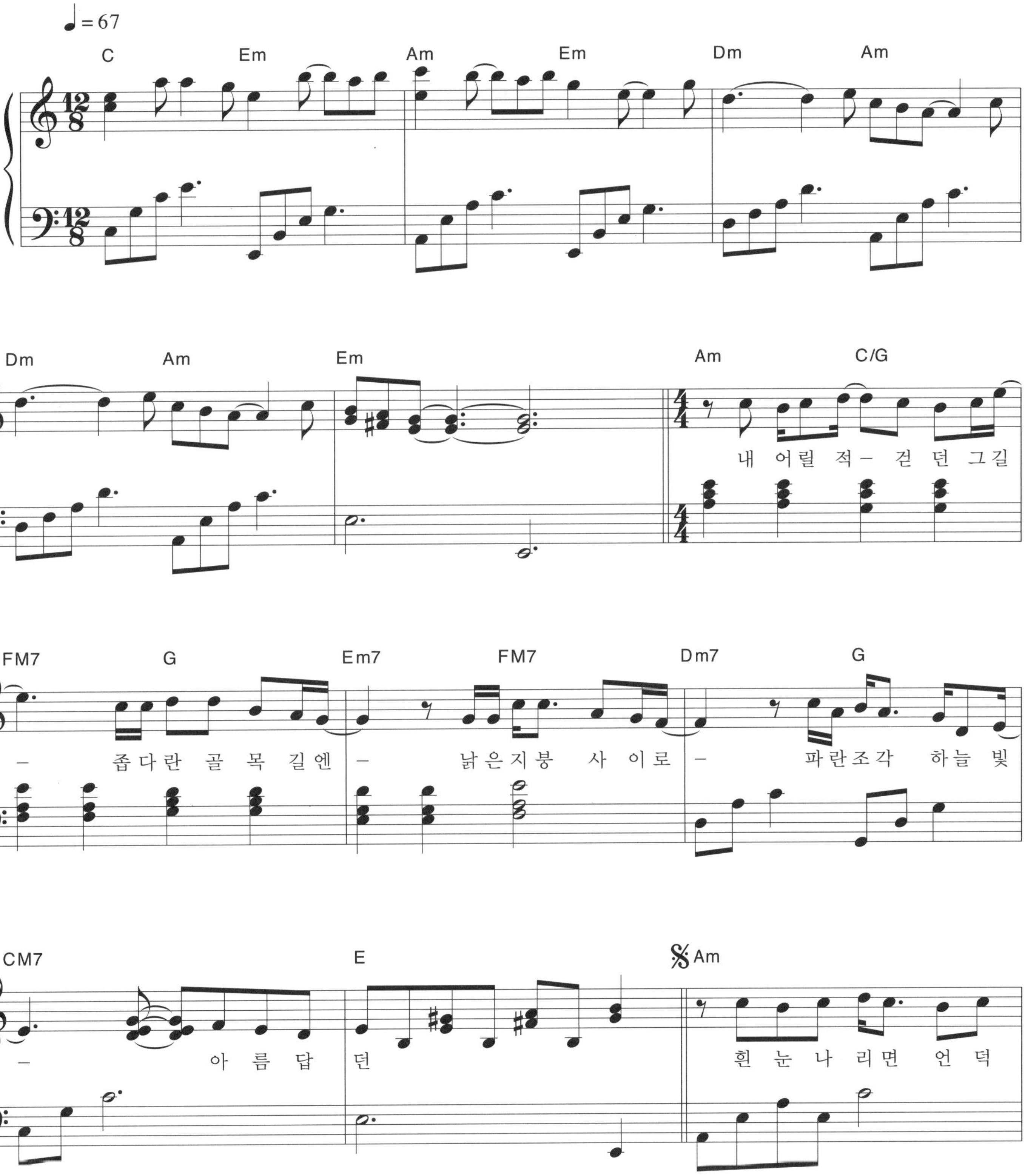

FM7 G Em FM7 Dm7 G
길 너머작은 공 터에 – 달려가본 하 늘과 – 같 은 내맘 – 속에
C E C
– 그 – 대 여 아 름 다
G/B Am Em7 F Fm
운 – – 지 난 옛 일 들 이 풋 잠 속
Em7 Am Bb G G7
에 문 득 – 기 억 이 나 듯 이 – 우 리 사 랑
C G/B Am7
도 슬 퍼 않 으 리 라 아 쉬 운 이

Em7
F
G
C G/B Am7 /G F G7sus4
야 기가— 어 른 되고난 — 후에는 커보이질 — 않
Csus4 CM7 G/B Am Dm7 G
—으리 —
Em7 C F Dm
Em Am7 F /E Dm7 B♭
E7
D.S. al Coda
Dm7 G7 C

To : Andrew. Lee
정환아! 오늘은 엄마랑 아빠랑 ... 랑
전자랜드 가서 ← 을 샀단다. 이게 뭔지 알아?
의 각기란다. 게 뭐냐 하면
코털이구 , ← 는 코털을 깎는 기계란다음 웃기니?
그러 나서 집에가서 갈비를 먹으려다가
더 맛있는 생등심도 맛있게 먹었단다. 알았니?
정환이 사줄라구 시험삼아 먹어 본거야! 괜찮지?
엄마가 오늘 돈을 얼마나 아껴 쓰는줄 아니? 모르지?
정환이 Homestay 하는 동안 많이 먹구 선생님 말씀
잘 듣구 두 많이 봐야 한다?
정환이 화이팅
1998. 6. 9일
Lee's Family

1999年
시간 앞에 서서

To: Andrew Lee

정환아! 오늘은 엄마랑 아빠랑 차를 타고
전자랜드 가서 물건을 샀단다. 이게 뭔지 알아?
아빠의 코털 깎기란다. 이게 무엇이냐 하면 코털이고,
이 물건은 코털을 깎는 기계란다! 웃기니?
그러고 나서 불갈비 집에 가서 갈비를 먹으려다가,
더 맛있는 생등심을 맛있게 먹었단다. 약 올라?
정환이 사주려고 시험 삼아 먹어본 거야! 괜찮지?
엄마가 요즘 돈을 얼마나 아껴 쓰는 줄 아니? 모르지?

정환이 홈스테이하는 동안 밥 많이 먹고, 선생님 말씀 잘 듣고,
책도 많이 봐야 한다?
정환이 화이팅!

애수(哀愁)

아주 멀지 않았던 날에
그대가 곁에 있던 날엔
햇살 가득 거리에 푸른 잎 무성하고
이 세상 모든 게 기뻤었지

아주 멀지 않은 그곳에
그대가 살고 있겠지만
그대 행복 위해 내가 줄 것이 없어서
찾지 않고 그저 지났지

아주 멀지 않았던 날에
그날도 오늘 같던 하늘
함박눈 갑자기 내려 온 세상 덮어도
이 세상 모든 게 따뜻했지

힘들지만 만나면 기뻤었지
세월 지나 슬플 줄 알면서
밤늦도록 추운 거리를 걸어도
언제나 손을 잡고 있었지

힘들지만 만나면 기뻤었지
세월 지나 슬플 줄 알면서
언제인지 모를 이별 앞에
언제나 손을 잡고 있었지

이젠 모두 지나간 시절에
아직도 그리운 그 모습
따스하던 너의 손 내음이 그리우면
가끔씩 빈손을 바라보네
가끔씩 빈손을 맡아 보네

이젠 모두 지나간 시절에
아직도 그리운 그 모습
따스하던 너의 손 내음이 그리우면
가끔씩 빈손을 바라보네

애수(哀愁)

작사 이영훈 | 작곡 이영훈

함박눈 갑 -자기 내려온 세상덮어도- 이세상
- 모든게- 따뜻했 지 힘들지만 만나면- 기뻤었
지 세월지나 - 슬플줄알면서 언제인
지 모를이 별 앞에- 언제나 - 손을잡--고있었
지 이젠모두- 지나간시절에 - 아직

도 ─그 리운그모 습 따 스하던 ─너 의손내음
이 그 리 우 면 ─ 가 끔 씩 빈 손 을 ─ 바 라 보 네
아 주 멀 지 않 은 그 곳 에

D   F#   Bm   GM7   D   D#dim7
그 대 가 살 고 있 겠 지 만 ― 그 대 행

Em7   F#7   Bm   G#m7(♭5)   GM7   F#7
복 ― 위 해 내 가 줄 것 이 없 어 서 ― 찾 지 않 고 ― 그 저 지 나 지

Bm   B7   Em7   A   DM7   D#dim7
― 힘 들 지 만 만 나 면 ― 기 뻤 었 지 세 월 지 나

Em7   F#7   Bm   B7   Em7   A
― 슬 플 줄 알 면 서 밤 늦 도 록 추 운 거 리

F#m7   Bm   G   Em   F#   G
를 걸 어 도 ― 언 제 나 ― 손 을 잡 ― 고 있 었 지 이 젠

모 두 지나 간 시 절에
아 직 도 그 리 운 그 모
습 따 스 하 던 너 의 손 내 음 이 그 리 우 면 가 끔
씩 빈 손 을 바 라 보 네 가 끔 씩 빈 손 을 맡 아 보 네
가 끔 씩 빈 손 을 맡 아 보 네

19

슬픈 사랑의 노래

너를 스쳐 갈 수 있었다면 지금 더 행복할 수 있을까

너를 모르고 살던 세상이 마음은 더 편했을 텐데

인연이 아닌 사람이었어 사랑할 수 없다 생각했지

우린 둘이 같이 서 있어도 아무런 의미도 없는걸

새하얀 저 거리에서 쌓이던 첫눈 같은 사랑

너를 안고 숨을 쉬며 세상엔 너밖에 없는데

너는 내 곁에 있어야만 해 세상이 조금 더 아플지라도

너를 볼 수 있는 밤이 오면 슬픔은 다신 없을 거야

인연이 아닌 사람이었어 사랑할 수 없다 생각했지

우린 둘이 같이 서 있어도 아무런 의미도 없는걸

새하얀 저 거리에서 쌓이던 첫눈 같은 사랑

너를 안고 숨을 쉬며 세상엔 너밖에 없는데

우린 서로 사랑하고 있어 세상이 조금 더 아플지라도

너를 볼 수 있는 밤이 오면 슬픔은 다신 없을 거야

Lee Younghoon's Note

전체적으로는 사랑의 감미로움과 그 아름다운 슬픔에 대해 독백하듯 표현했으나, 후렴부에는 숭고한 사랑의 아픔과 영원할 수없는 인간들의 만남을 종교적으로 승화시켜 절망하지만 운명에 순응하는 연인의 사랑의 대화를 묻고 답하듯이 표현했다. 가냘픈 여인의 독백 같은 바이올린 솔로에 이어 곡의 중반부에 나오는 첼로의 음률로 남자의 마음을 표현했다. 그 멜로디에 겹쳐 나오는 듀엣 느낌의 바이올린은 슬픈 운명을 부인하고 싶은 여인의 질문들이다.

영원할 듯 이어지는 여인의 슬픈 사랑의 질문에 묵묵히 답해 줄 수 없는 남자의 마음. 스스로 위로할 수 없는 질문과 대답에 서로 슬픔에 격해지며 곡이 끝난다. '사랑의노래'가 아닌 '슬픈 사랑의 노래'로 말이다.

슬픈 사랑의 노래

작사 이영훈 | 작곡 이영훈

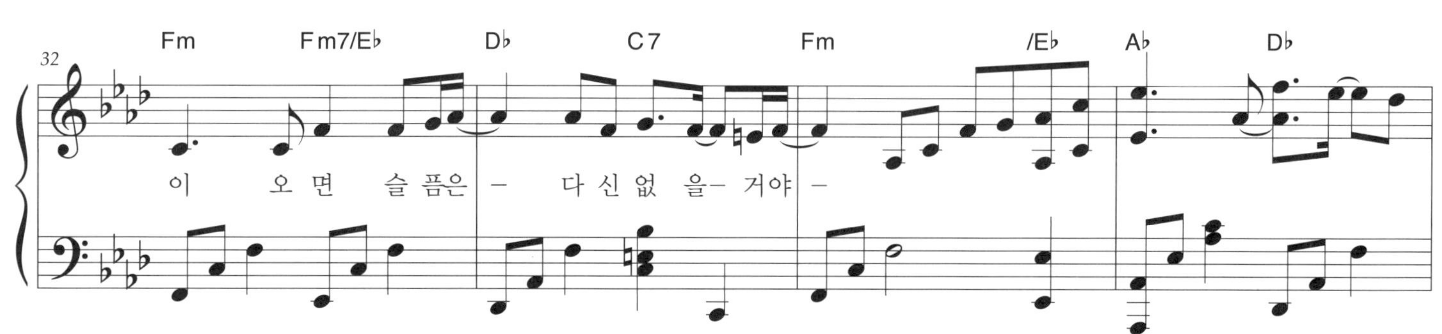

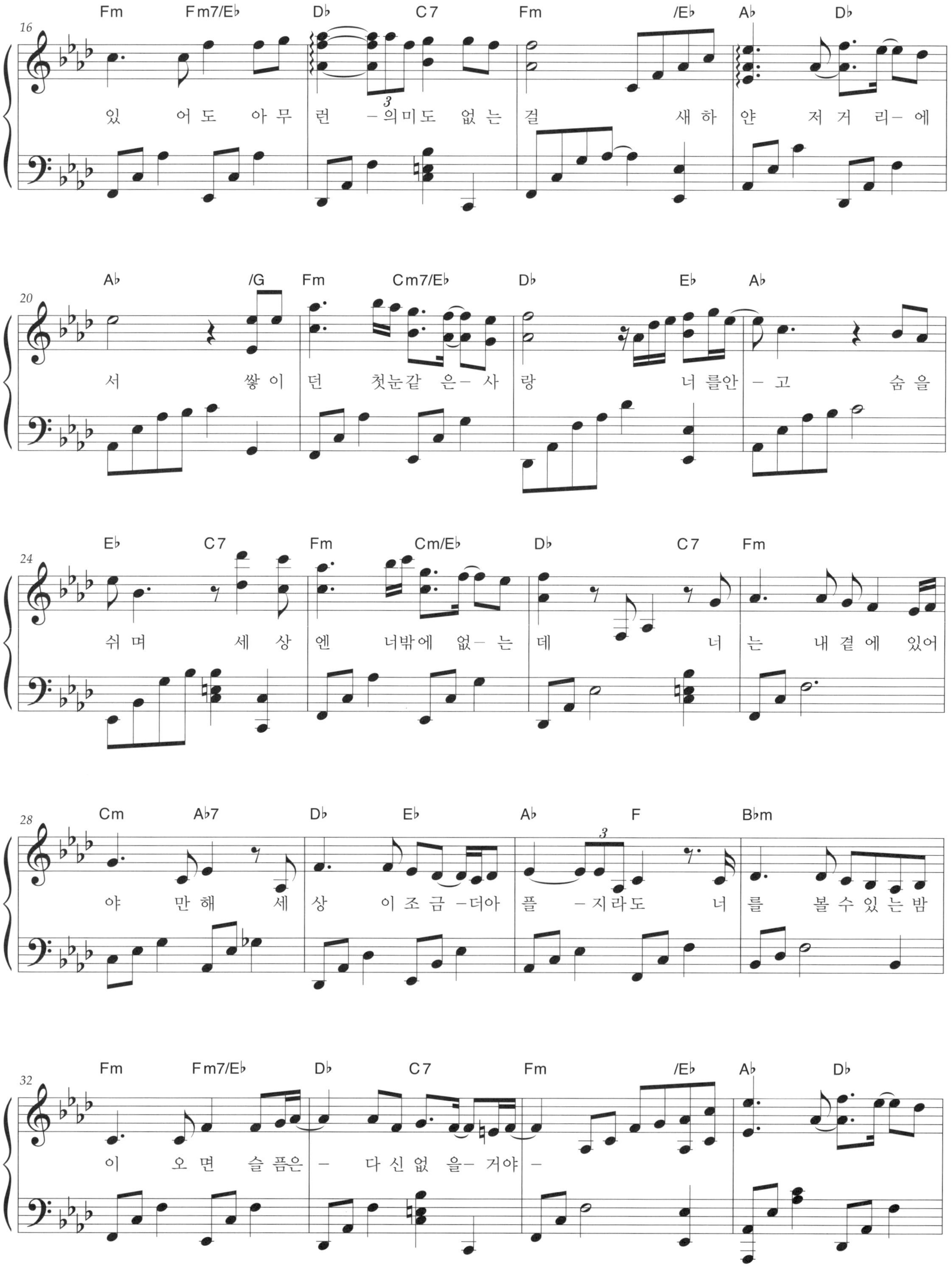
16
Fm Fm7/E♭ D♭ C7 Fm /E♭ A♭ D♭
있 어 도 아 무 런 —의미도 없 는 걸 새 하 얀 저 거 리— 에
20
A♭ /G Fm Cm7/E♭ D♭ E♭ A♭
서 쌓 이 던 첫눈같 은— 사 랑 너 를안 — 고 숨 을
24
E♭ C7 Fm Cm/E♭ D♭ C7 Fm
쉬 며 세 상 엔 너밖에 없— 는 데 너 는 내 곁 에 있어
28
Cm A♭7 D♭ E♭ A♭ F B♭m
야 만 해 세 상 이 조 금 —더아 플 —지라도 너 를 볼 수 있 는 밤
32
Fm Fm7/E♭ D♭ C7 Fm /E♭ A♭ D♭
이 오 면 슬 픔은 — 다 신 없 을— 거야 —

인 연 이아닌 사람
이 었어 사 랑 할수없다생 각 했지 우린 둘이같이서
있 어도 아무 런 의미도 없는걸 새하 얀 저거리-에
서 쌓이던 첫눈같 은-사 랑 너를안

Ab   Eb   C7   Fm   Cm/Eb
- 고   숨을 쉬 며   세 상 엔   너밖에 없 - 는
Db   C7   Fm   Cm   Ab7
데   우 린   서 로 사 랑 하 고   있 어   세
Db   Eb   Ab   F   Bbm
상   이 조 금 - 더 아   플 - 지 라 도   너 를   볼 수 있 는 밤
Fm   Fm7/Eb   Db   C7   Fm
이   오 면 슬 픔 은 -   다 신 없 을 - 거 야 -   슬 픔
Db   C7   DbM7   C7   Fsus4   F
은 다 신 -
rit.

흐르는 강물처럼

난 바람이 불면 언덕 위에 올라
그대 함께했던 날들 그리워하며 눈물짓네
난 저 바람 속에 널 느낄 수 있어
그대 헤어짐이란 그저 서로가 멀리 있는 것뿐
저 먼 대지 위에 흘러가는 강물같이
내 맘 그대를 향해 가오 나의 맘 강물 같아

난 저 바람 속에 널 느낄 수 있어
그대 헤어짐이란 그저 서로가 멀리 있는 것뿐
저 푸른 하늘 위 흘러가는 구름같이
내 맘 그대를 향해 가오 나 항상 강물 같아
저 먼 대지 위에 흘러가는 강물같이
내 맘 그대를 향해 가오 나의 맘 강물 같아

Lee Younghoon's Note

한낮의 해 높이에 마음을 숨죽이며 기다리려 한 것이 아니요, 저무는 강가에 앉아 한숨 쉬며 눈 감고 앉아 있음도 아니다.

비 오는 날 창가에 앉아 글을 쓰려 함은 더욱 아니었음을 아직도 모를 일이다. 무엇을 위하여 내 그대를 보냈었는지……

흐르는 강물처럼

작사 이영훈 | 작곡 이영훈

Bb   Gm7   C7   Am7   Dm   F7/C   Bb   C7sus4   C
대   헤어짐 이란 - 그저 서로가 멀리   있는 것
F   Am7   Bb   C7sus4   C   Am7   Bb   C7
뿐   저   먼대지위
Am7   Bb   C7   A7   Dm7   /C   Bb   C
에   흘러가는   강 물같이 내 맘   - 그대를
Am7   Dm   Gm7   C7
향해 가오 나 의 맘   강 물   - 같
F   Bb   C7   F   Bb   C7   Am7   Dm7   /C
아

저바람속 에
널느낄수
있 어 그 대
헤-어짐이란 그저 서로가
멀 리 있 는 것뿐
저
푸 른하늘위
흘러가는 구 름같이 내

맘 그대를향해 가오 나 항상 강물같
아 저 먼대지위에 흘러가는
강 물같이 내 맘 그대를향해 가오 나
의 맘 강 물같 아
rit.

OLD AND NEW
노래로 남은 기록

많은 시간들을 보내고 많은 꿈을 잃고 얻은 것은
참으로 귀한 노력이 담긴 보물들입니다.
그러니 그 귀한 것들을 잃지 마시고 또다시 또 다른 꿈들을 꾸시길 바랍니다.
매일 밤마다 꿈을 꾸듯이 매일 항상 꿈을 꾸십시요.
인생을 아름답게 창조하시고 비교하지 마시고 자신의 것으로 만드시기 바랍니다.
인생은 자신의 것이니만큼 절대로 남들과 비교해서는 안됩니다.
특히 경제적인 비교는 너무나도 아둔하고 한심한 일입니다.
나만의 것을 만드시고 내 인생을 과시하시고 그것을 통해 자신감을 가지세요.

2006.12.14

서로가

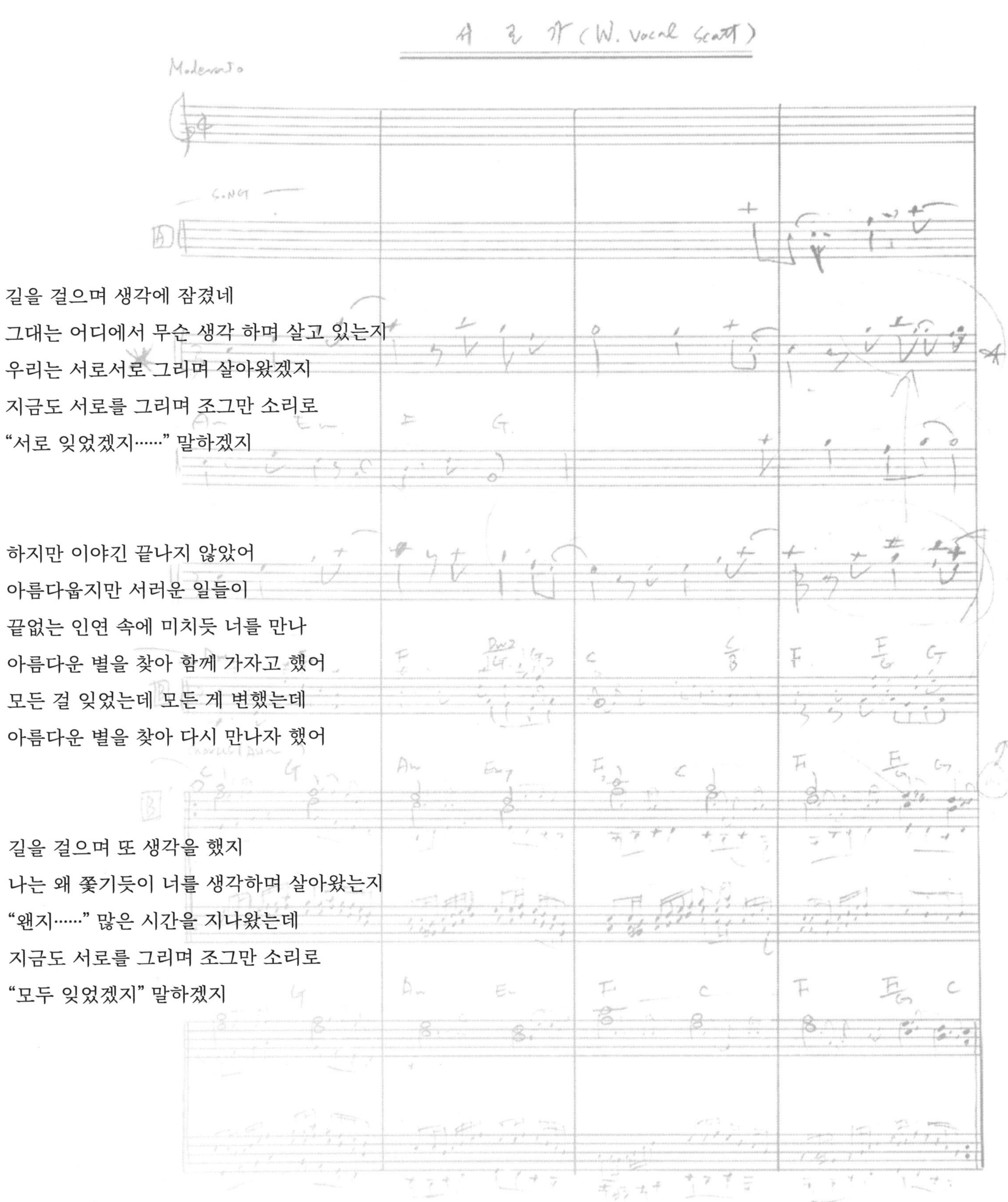

길을 걸으며 생각에 잠겼네
그대는 어디에서 무슨 생각 하며 살고 있는지
우리는 서로서로 그리며 살아왔겠지
지금도 서로를 그리며 조그만 소리로
"서로 잊었겠지……" 말하겠지

하지만 이야긴 끝나지 않았어
아름다웁지만 서러운 일들이
끝없는 인연 속에 미치듯 너를 만나
아름다운 별을 찾아 함께 가자고 했어
모든 걸 잊었는데 모든 게 변했는데
아름다운 별을 찾아 다시 만나자 했어

길을 걸으며 또 생각을 했지
나는 왜 쫓기듯이 너를 생각하며 살아왔는지
"왠지……" 많은 시간을 지나왔는데
지금도 서로를 그리며 조그만 소리로
"모두 잊었겠지" 말하겠지

Original Ver.　Album Cover

서로가

작사 이영훈 | 작곡 이영훈

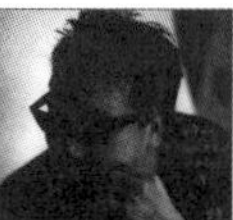

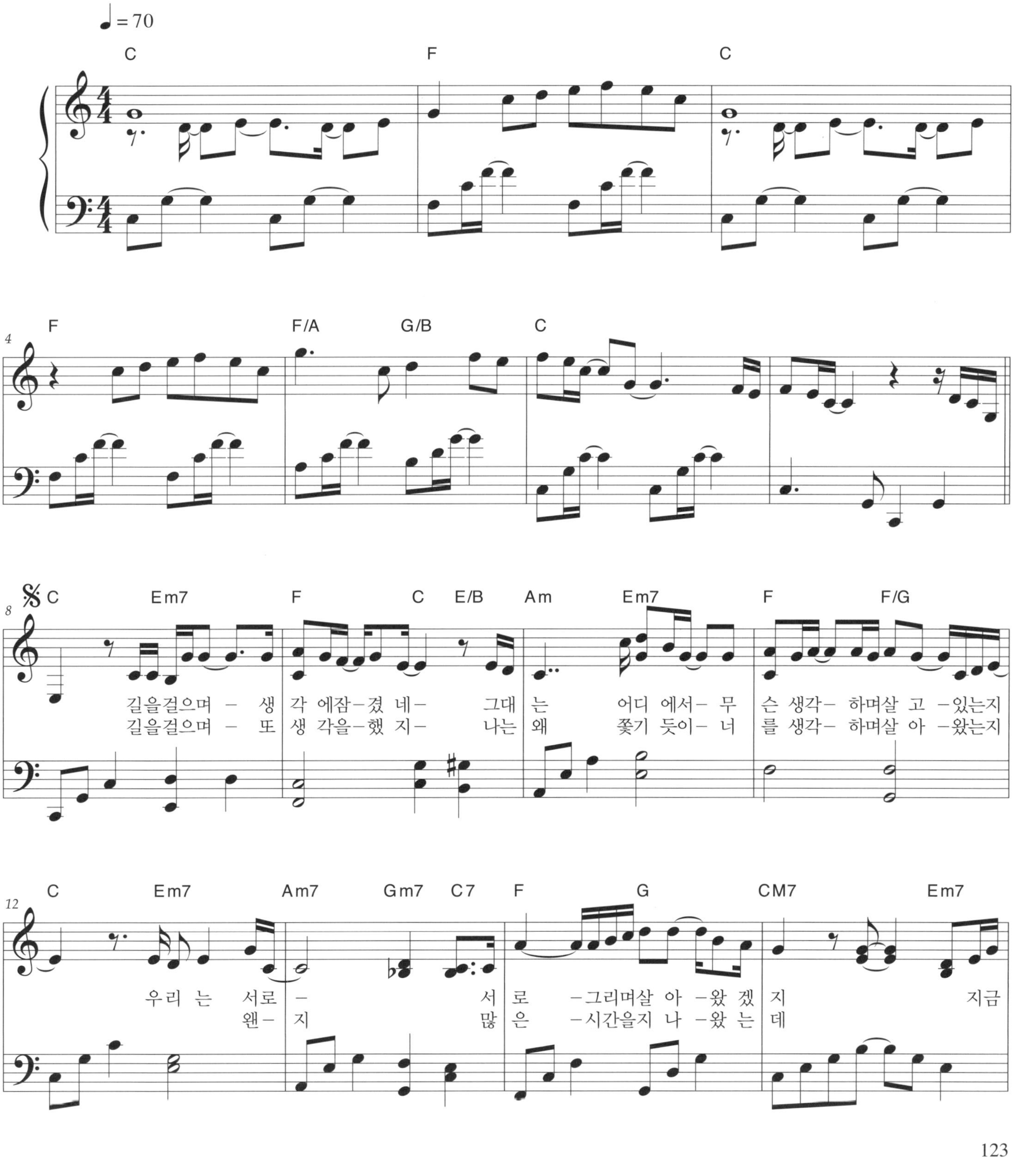

Am Em Dm7 G7 C G Am F Fm C G
도 서로를 그리며 조 그만 소리로 서로 잊었겠지 말 하겠 지
모두 잊었겠지

Am Em F F/G C G/B Am F/G
하 지만 이야 긴 끝나 지 않았 어 아름 다 웁 지만 서 러 운 일 들이

C G Am Em F C Dm7 F/G
끝없는 인연 속에 미치듯 너를 만 나 아름다 운 별을 찾 아 함께가 자 고했어

C G Am Em F C Dm7 F/G
모든걸 잊었 는 데 모든게 변했 는 데 아름다 운 별을 찾 아 다시만 나 자했어

C G Am Em F C Dm G C G

D.S. al Coda
끝없는 인연– 속에 – 미치듯 너를 만 나 아름다 운 별을 찾 아 함께가 자 고했 어
모든걸 잊었– 는 데 모든게 변 했 는 데 아름다 운 별을 찾 아 다시만 나 자했 어
rit.

오늘 하루

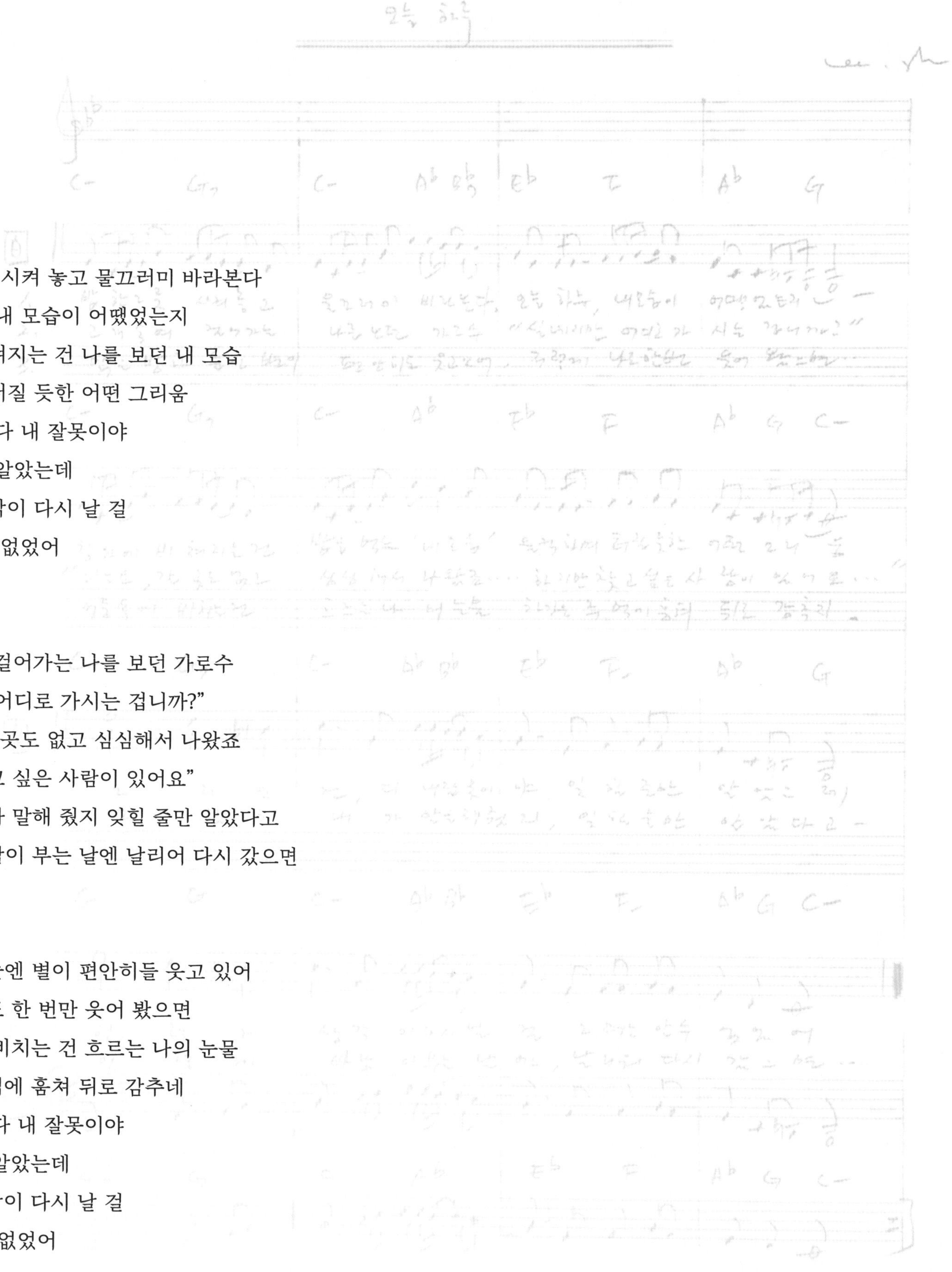

밥 한 그릇 시켜 놓고 물끄러미 바라본다
오늘 하룬 내 모습이 어땠었는지
창가에 비쳐지는 건 나를 보던 내 모습
울컥하며 터질 듯한 어떤 그리움
그리운 건 다 내 잘못이야
잊힐 줄만 알았는데
이렇게 생각이 다시 날 걸
그땐 알 수 없었어

고개 숙여 걸어가는 나를 보던 가로수
"실례지만 어디로 가시는 겁니까?"
"나는요 갈 곳도 없고 심심해서 나왔죠
하지만 찾고 싶은 사람이 있어요"
그렇지 내가 말해 줬지 잊힐 줄만 알았다고
이렇게 바람이 부는 날엔 날리어 다시 갔으면

맑은 밤하늘엔 별이 편안히들 웃고 있어
저렇게 나도 한 번만 웃어 봤으면
어둠 속에 비치는 건 흐르는 나의 눈물
차가운 주먹에 훔쳐 뒤로 감추네
그리운 건 다 내 잘못이야
잊힐 줄만 알았는데
이렇게 생각이 다시 날 걸
그땐 알 수 없었어

오늘 하루

Original Ver.　Album Cover

작사 이영훈 | 작곡 이영훈

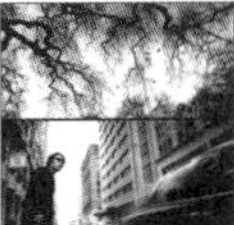

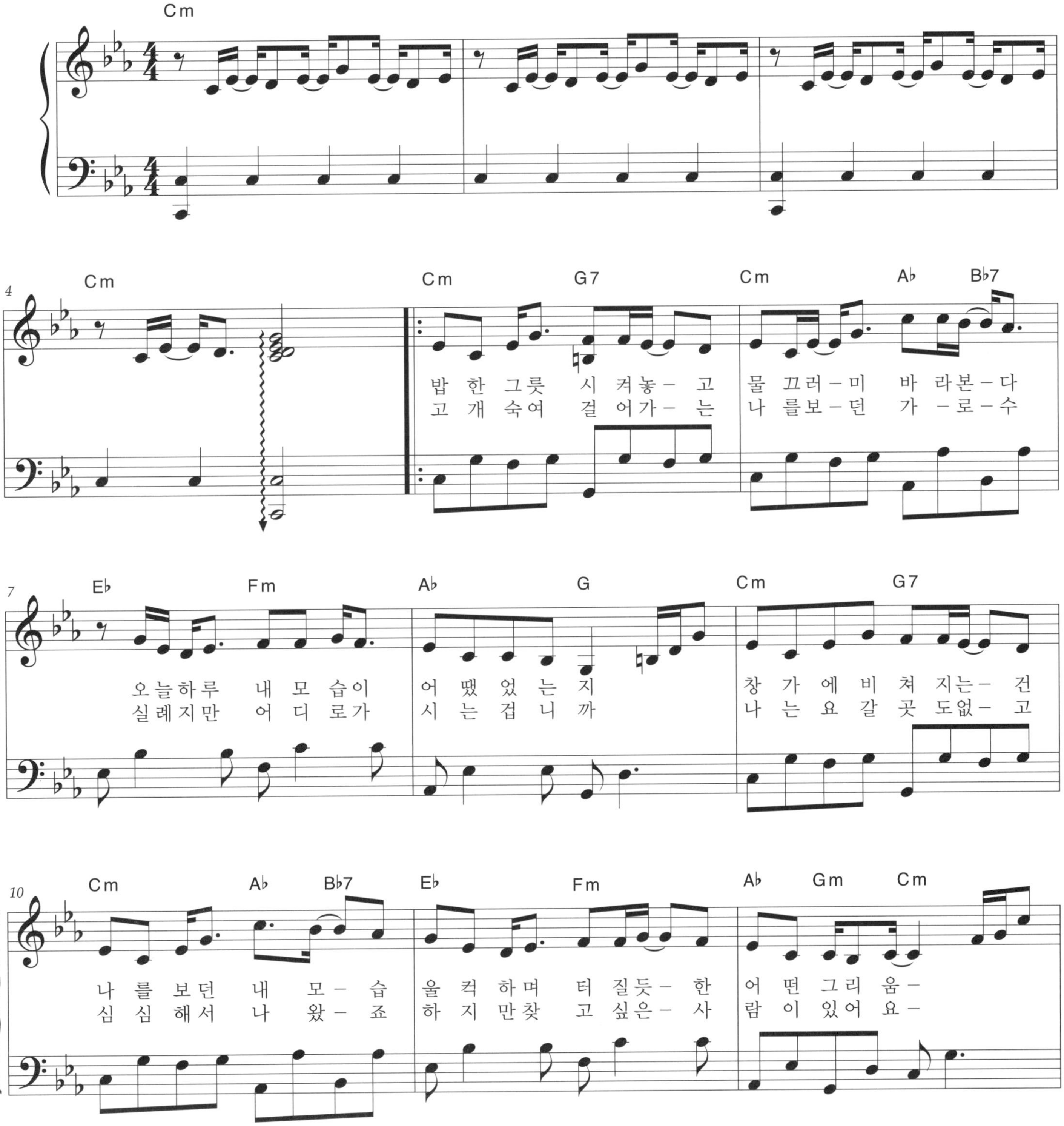

Cm
G7
Cm
A♭
B♭7
E♭
Fm
그
리
운
건
다 내 잘 못 이
야
잊 힐 줄 — 만
그
렇
지
내
가 말 — 해 줬
지
잊 힐 줄 — 만
A♭
G7
Cm
G7
Cm
A♭
B♭7
알 았 — 는 데
이
렇 게
생
각 이 다 시 날
알 았 — 다 고
이
렇 게
바
람 이 부 는 날
E♭
Fm
1.
A♭   G   Cm
— 걸 그 땐 알 — 수
없 었 어
— 엔 날 리 어 다 — 시
Cm
2.
A♭   G   Cm
G7
갔 으 면
Cm
A♭   B♭7
E♭
Fm
1.
A♭
G

맑은 밤하늘엔 별이 편안히들 웃고 있어
저렇게 나도 한번 웃어봤으면 어둠 속에 비치는 - 건
흐르는 - 나의 눈 - 물 차가운 - 주먹 - 에 훔쳐 뒤로 감추 네
그 리 운 건 다 내 잘못이 야 잊힐 줄 - 만
알 았 - 는데 이 렇 게 생 각 이 다시 날

걸 그 땐 알 — 수 없 었 어

세월 가면

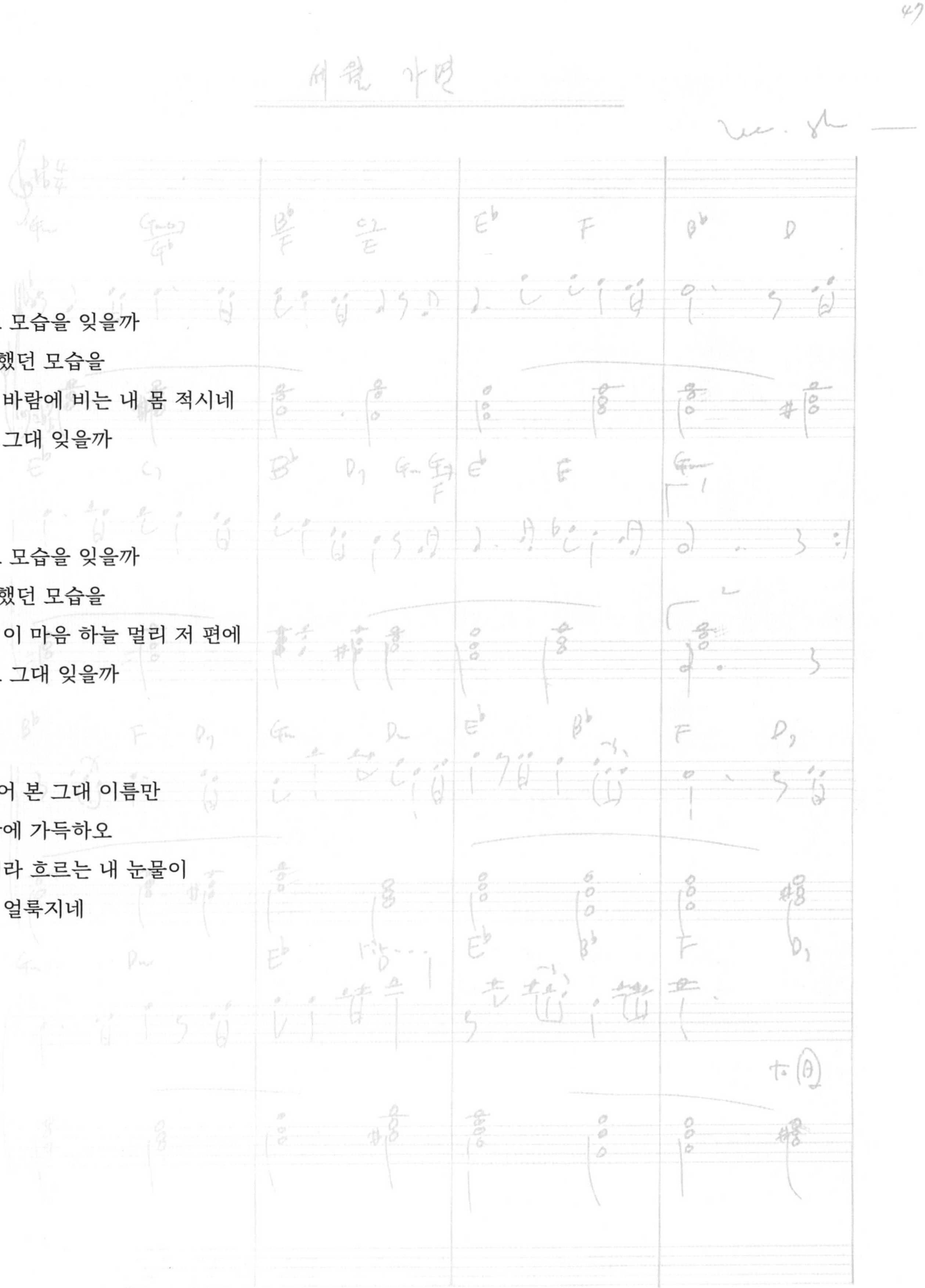

세월 가면 그 모습을 잊을까
그토록 다정했던 모습을
차가운 저녁 바람에 비는 내 몸 적시네
이대로 나도 그대 잊을까

밤이 가면 그 모습을 잊을까
그토록 사랑했던 모습을
그대를 따라 이 마음 하늘 멀리 저 편에
비 되어 나도 그대 잊을까

그리우면 적어 본 그대 이름만
차가운 이 방에 가득하오
잊을 수 없어라 흐르는 내 눈물이
그대 이름에 얼룩지네

세월 가면

작사 이영훈 | 작곡 이영훈

Original Ver.

Album Cover

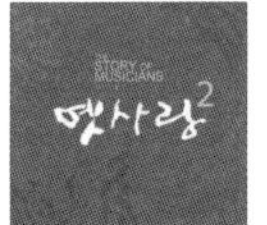

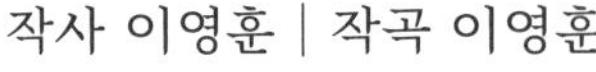

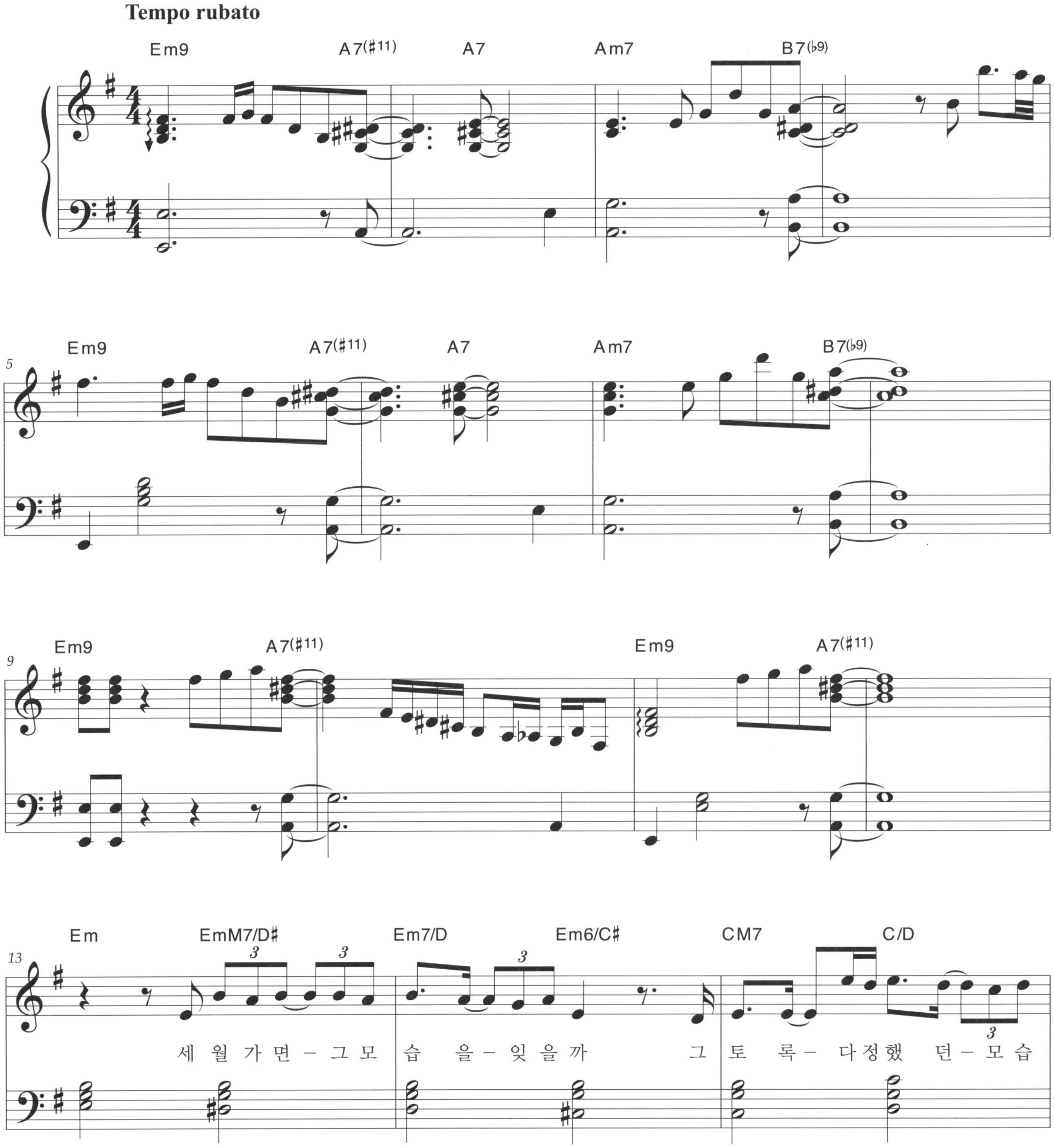

GM7   B7   C/E   G/D   B/D#   Em
을   차가운 저녁바람에 비는 내 몸 적시네   이대

Am7   B7   Em9   Em   EmM7/D#
로 나도그 대 잊을까   밤이가면 그모

Em7/D   Em6/C#   C   C/D   G   B7
습을 잊을까 그토록 사랑했던 모습을   그대

C/E   G/D   B/D#   Em7   Am7   B7
를 따라이마음 하늘멀리 저편에 비되어 나도그 대 잊

Em7   G   D   Em   Bm7
을까   그리우면 적어본그 대 이름만

C   G/B   A/C#   B/D#   Em   Bm7
차가운 - 이밤에 가득 하오   잇 을 수 없어라 흐르

CM7   Bm7   Bb7(#11)   Am7   A7   D   Baug7
는 내 눈물이   그 대 이름에 얼 룩지네

Em9   EmM7/D#   Em7/D   Em6/C#   C   C/D
밤 이가면 그모 습 을-잇을까 그 토 록 사랑했던 모습

G   B7   C   G/D   B/D#   Em7
을   그 대 를 따라이 마음 하늘멀 리 저편에 비되

Am7   B7   Em9   A7(#11)
어 나도그 대-- 잇- 을까

Em9
A7(♯11)
Em
EmM7/D♯
Em7/D
Em6/C♯
C
C/D
GM7
B7
C
G/D
B7/D♯
Em
CM7
B7
Em7
D.S. al Coda
Em9
A7(♯11)
A7
Am7
B7(♭9)
을까
Em9
A7(♯11)
A7
Am7
B7(♭9)
Em9

기억의 초상

그날 아름다운 너
보내야 했지만 잡진 않았어
그냥 돌아선 그대의 발자욱마다
나의 눈물 흘러 고였어

설움 서러운 눈물
흘러 보냈지만 찾진 않았어
그냥 살다가 그대가 곁에 없으니
이별을 깨달았어

돌아보면 아주 멀리 가진 않아
잡을 수 있을 줄 알았어
그대 발자욱 세월 속에 흔적도 없네
너를 잃은 내가 아쉬워

Lee Younghoon's Note

그녀와 헤어지고 처음 몇 년을 기다리다 만나 봐야지 했었다.

그렇게 몇 년이 지나고 10년이 흐른 뒤에 그곳에서 만나 보고 싶었다.

하지만, 그해에도 생각만 하며 지나갔다. 한번쯤은 만나 보고 싶었는데…….

기억의 초상

작사 이영훈 | 작곡 이영훈

Original Ver. Album Cover

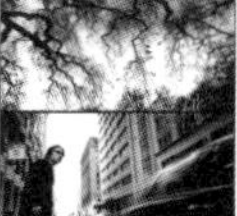

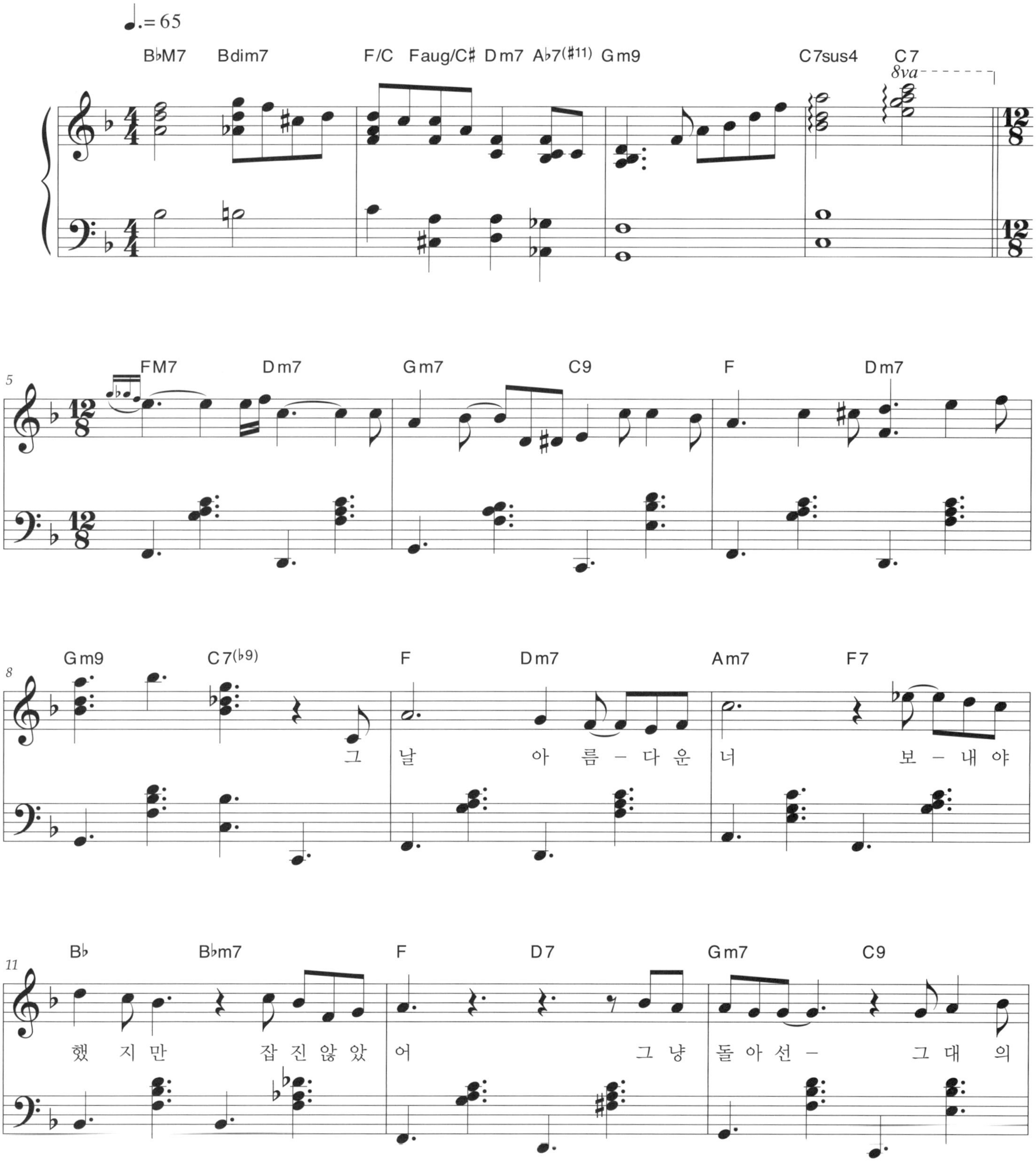

Am7   Dm7   B♭   Bdim7   Gm7   C7
발자욱 마다 나의 눈물— 흘러—고였어   설

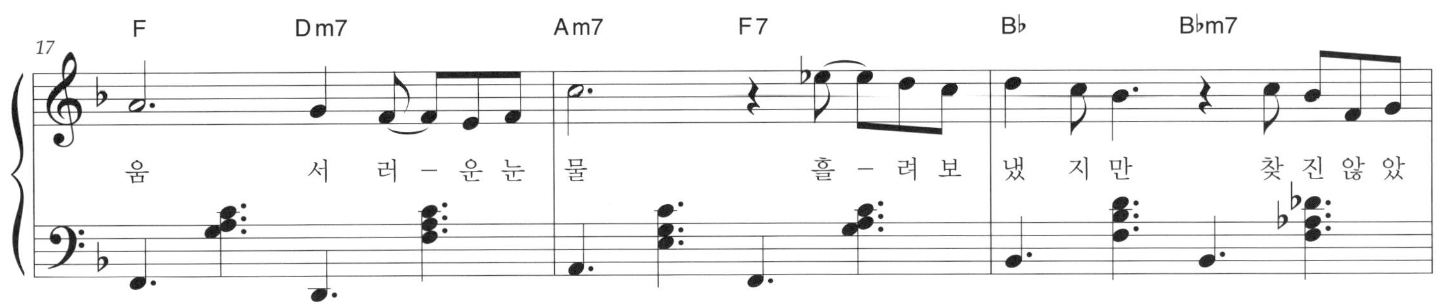
F   Dm7   Am7   F7   B♭   B♭m7
움 서러—운눈물 흘—려보 냈지만 찾진않았

F   D7   Gm7   C9   Am7   Dm7
어 그냥 살다가— 그대가 곁에없으니 이별

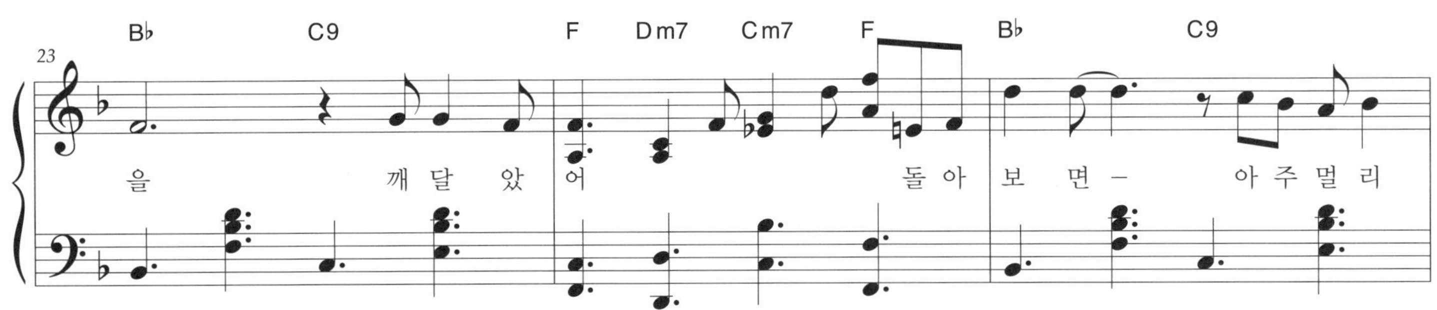
B♭   C9   F Dm7 Cm7 F   B♭   C9
을 깨달았어 돌아보면— 아주멀리

Am7   Dm7 F7   B♭   C9   Am7   F7
가진않아 잡을수 — 있을줄—알았어—— 그—대

발 - 자욱 - 세월속에 흔적도 없네 - - 너를 - 잃은 -

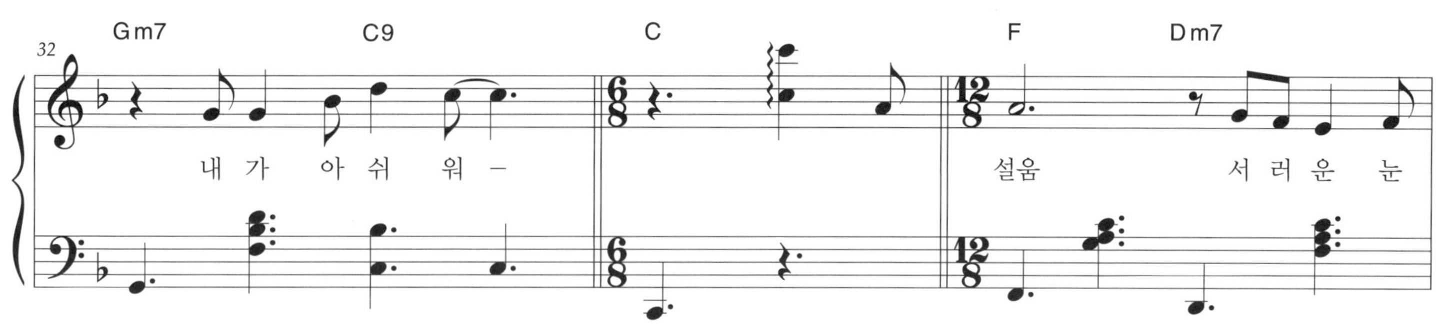

내가 아쉬워 - 설움 서러운 눈

물 흘려보냈지만 찾진않았어 그냥

살다가 - 그대가 곁에없으니 이별을 깨달

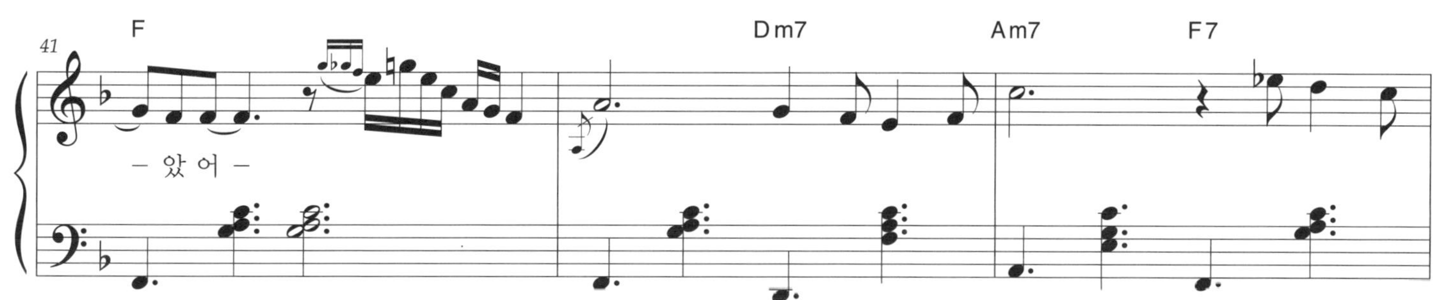

- 았어 -

Bb   Bbm6   F   D7   Gm7   C9
44

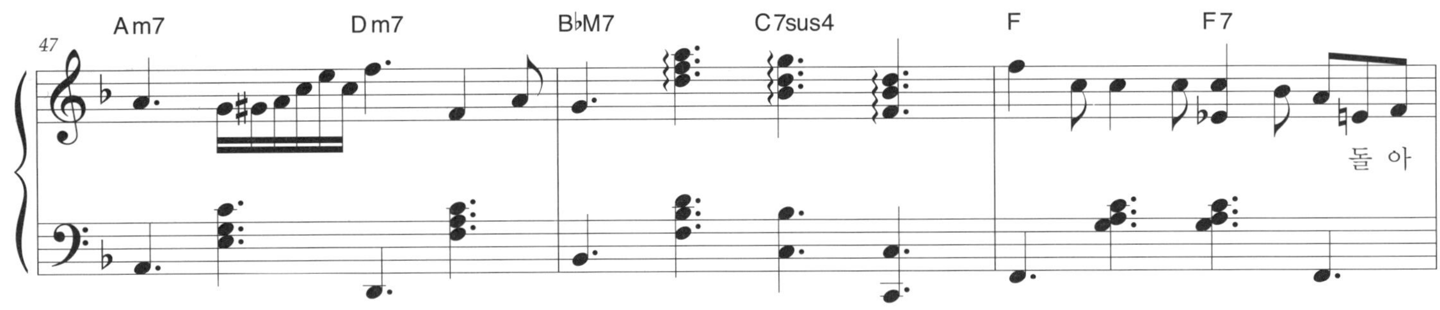

Am7   Dm7   BbM7   C7sus4   F   F7
47
돌 아

Bb   C9   Am7   Dm7   F7   Bb   C9
50
보 면 —   아 주 멀 리   가 진 않 아 — 잡 을 수 — 있 을 줄 — 알 았

Am7   F   Bb   Bdim7   F/C   A/C#   Dm7
53
어 — — 그 대 — 발 — 자 욱 — 세 월 속 에   흔 적 도 없 네 — —

BbM7   Gm7   C9   C
56
너 를 잃 은   내 가 아 쉬 워 — — —
6/8   12/8

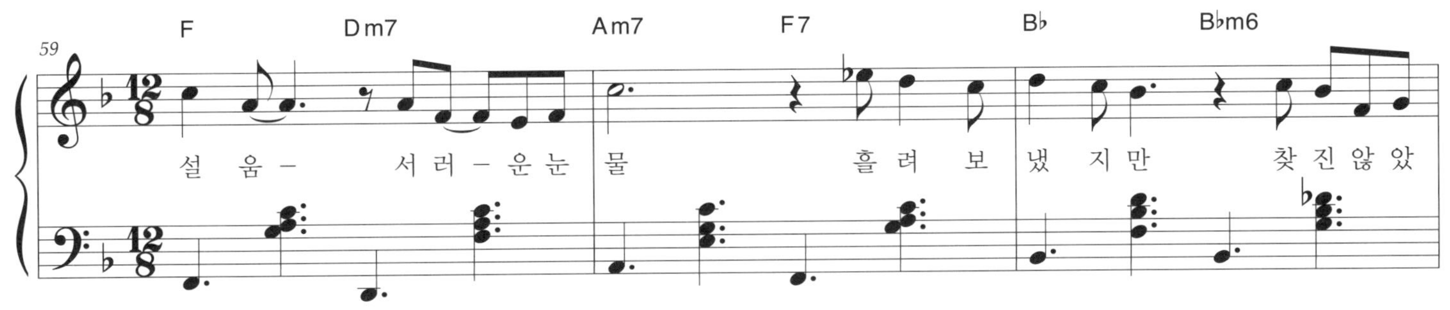
F   Dm7   Am7   F7   B♭   B♭m6
설 움 – 서러 – 운눈 물   흘려 보 냈 지만   찾 진않았

FM7   D7   Gm7   C9   Am7   Dm7
어   그 냥 살 다 가 –   그 대 가 –곁에없 으 니   이별

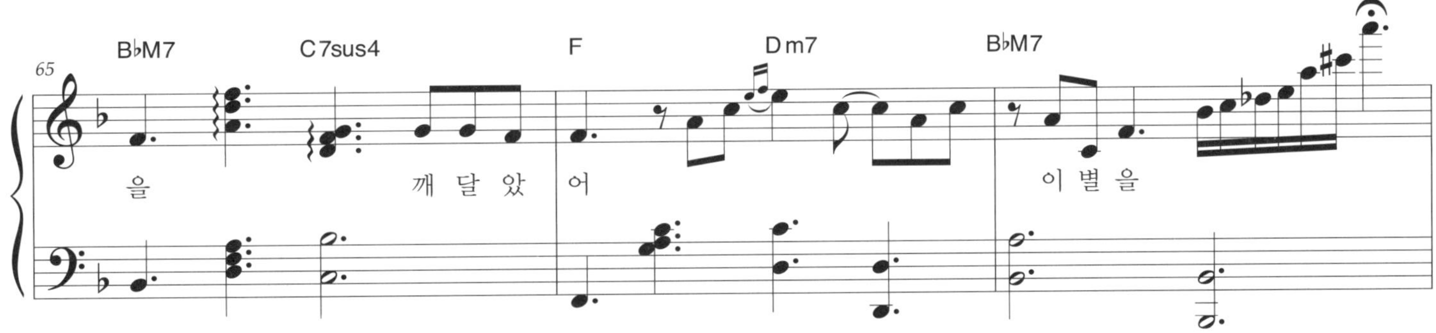
B♭M7   C7sus4   F   Dm7   B♭M7
을   깨 달 았 어   이 별 을

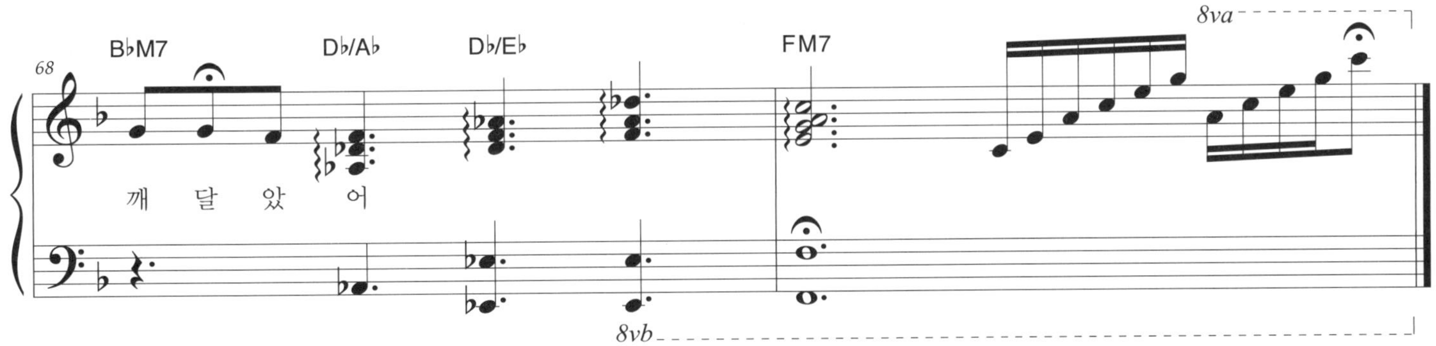
B♭M7   D♭/A♭   D♭/E♭   FM7   8va
깨 달 았 어
8vb

기억이란 사랑보다

내가 갑자기 가슴이 아픈 건

그대 내 생각 하고 계신 거죠

흐리던 하늘이 비라도 내리는 날

지나간 시간 거슬러 차라리 오세요

내가 갑자기 눈물이 나는 건

그대 내 생각 하고 계신 거죠

함박눈 하얗게 온 세상 덮이는 날

멀지 않은 곳이라면 차라리 오세요

이렇게 그대가 들리지 않을 말들을 그대가 들었으면

사랑이란 맘이 이렇게 남는 건지

기억이란 사랑보다 더 슬퍼

내가 갑자기 눈물이 나는 건

그대 내 생각 하고 계신 거죠

새하얀 눈꽃이 온 세상 날리는 날

멀지 않은 곳이라면 차라리 오세요

이렇게 그대가 들리지 않을 말들을 그대가 들었으면

사랑이란 맘이 이렇게 남는 건지

기억이란 사랑보다 더 슬퍼

기억이란 사랑보다 더 슬퍼

Lee Younghoon's Note

〈옛사랑〉 이후 제대로 쓴 가사라 생각했던 곡이다.

기억이란 사랑보다

Original Ver. *Album Cover*

작사 이영훈 | 작곡 이영훈

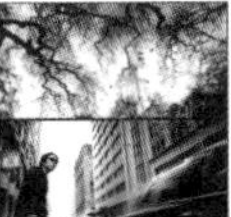

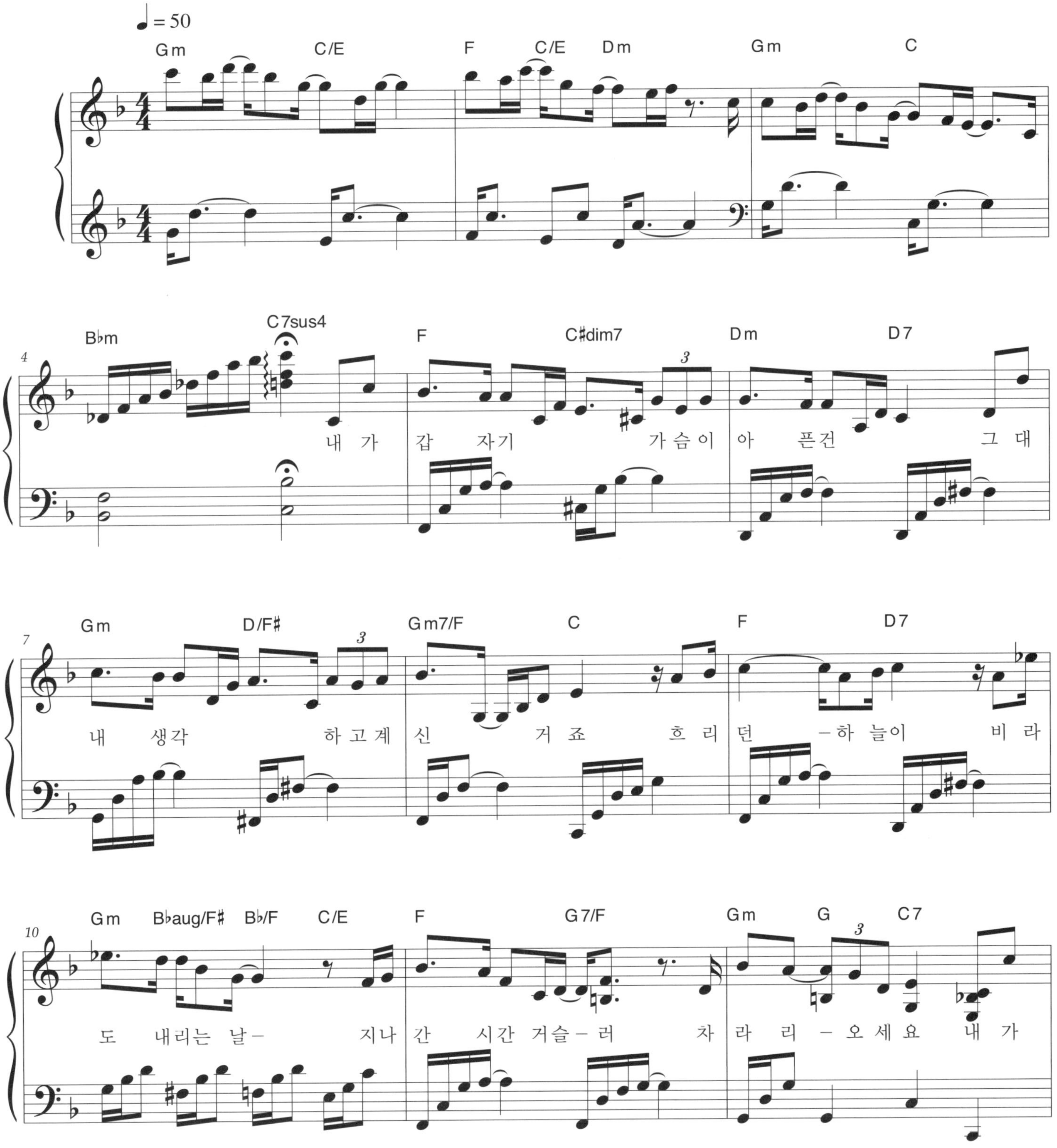

F   C#dim7   Dm   D7   Gm   D/F#
갑 자기   눈물이 나 는건   그 대 내 생각   하고 계
Gm7/F   C7   F   D7   Gm   B♭aug/F#   B♭/F   C/E
신   거죠 함박 눈 －하 얗게   온 세 상 덮히는 날－   멀지
새하 얀 －눈 꽃이   온 세 상 날리는 날－
F   G7/F   Gm   G   C   Gm   C
않 은곳 이라－면   차 라 리 －오세요 이 렇 게   그대가
F   Dm   Gm   C   F   Cm7   F7
들 리지않 을－ 말 들 을   그 대 가 들었 으면－ 사 랑 이
B♭   C7/B♭   Dm   F/C   Bm7(♭5)   Gm   C
란 맘 이   이렇 게 남는 건지 기 억이 란   사 랑보다   더슬

퍼
기 억 이 란
사 랑 보 다
더 슬 퍼
내 가 퍼
145

40
F   C#dim7   Dm   D 7
Gm   D/F#   Gm7/F   C
F   D 7   Gm   B♭aug/F#   B♭/F   C/E
F   G 7/F   1.   Gm   G   C
2.   Gm   G   C   Fadd2   8va
rit.
3
3
146

내 방에도 참으로 오랜만에 들어와 글을 남긴다.
세월이 유수와도 같아, 이리도 순간이 영원 같고, 영원도 순간 같은지……
우리는 잘 늙어가고 있다.

2006. 04. 11

〈작곡가 이영훈이 사용하던 실제 작곡 노트〉

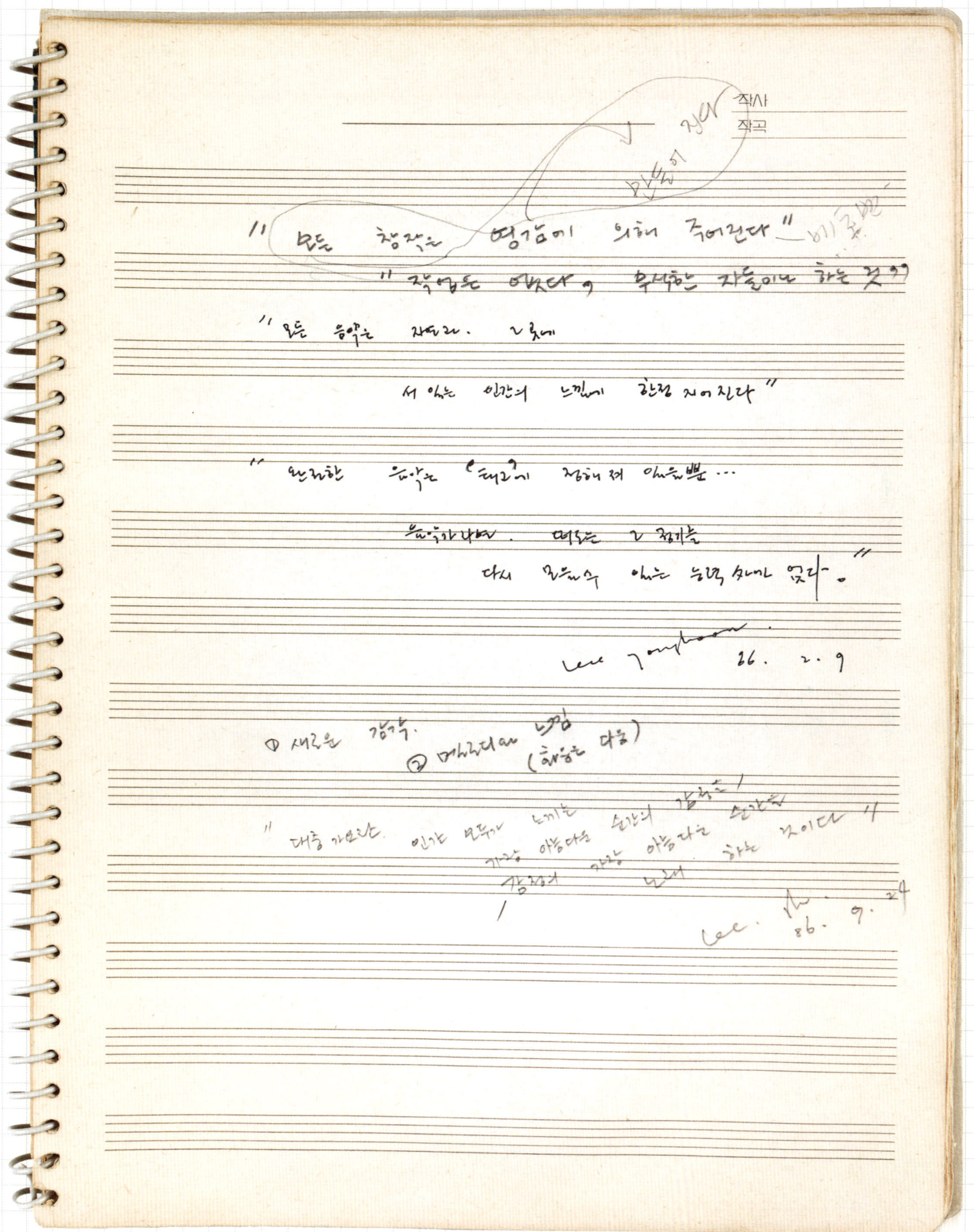

〈작곡 노트에 적힌 음악적 구상과 메모〉

(음1·2)
Sunday (日)
24-341 Week 5

2 February
月 火 水 木 金 土 日 月 火 水 木 金 土 日 月 火 水 木 金 土 日 月 火 水 木 金 土 日
1 2 3 4 5 6 7 8 9 10 11 12 13 14 15 16 17 18 19 20 21 22 23 24 25 26 27 28

〈작곡가 이영훈의 그림〉

무엇을 얻기 위함이 아니고、

창조 한다는 기쁨을 가지고 음악을 하게 하소서。

모든 이의 마음 속에 숨겨져 있는 깨끗한

정서를 (기억) 일깨워 줄수 있는 음악을 만들게 하소서。

무엇과도 바꿀수 없는 고결한 음악을

만들수 있게 하소서。

모든 이의 가슴에 숨겨져 있는, 잃어 버린

아름다움을 되 찾게 하는 음악을 만들게 하소서。

1994年 作曲家

이천 읽면 산천 이엉임. 作曲家 李 永勳 .

Songs by
Lee Younghoon
for Piano

작곡가 이영훈의 노래들

저자 영훈뮤직
편곡 정유리
발행인 김두영
전무 김정열
콘텐츠기획개발부 김가람, 오새봄
디자인기획개발부 정수진
제작 유정근, 강은별
마케팅기획개발부 신찬, 송다은, 김지연
경영지원개발부 한재현, 김아영, 한혜린

발행일 2026년 2월 25일(1판 1쇄)
발행처 삼호ETM (http://www.samhomusic.com)
　　　　 경기도 파주시 문발로 175
　　　　 마케팅기획개발부 전화 1577-3588　　　 팩스 (031) 955-3599
　　　　 콘텐츠기획개발부 전화 (031) 955-3589 팩스 (031) 955-3598
등 록 2009년 2월 12일 제 321-2009-00027호

ISBN 978-89-6721-583-5